quando menino eu lia...
I read as a boy...

JOÃO S MARTINS

Copyright © 2014 João S Martins

Capa/Cover: Fernando Silva
Tradução/Translation: Nuno Josué Guerreiro
Editor: Luis Gonçalves

Edição Bilingue/Bilingual Edition

Boavista Press (boavistapress.org)

All rights reserved.
ISBN: 0996051104
ISBN-13: 978-0996051101

"Qualquer livro estava mais perto que uma pessoa."

"Any book was closer than a person."

Anne Sexton

I read as a boy… João S Martins

quando menino eu lia...   João S Martins

para a minha mãe
que me ensinou a ler o livro da vida
e continua a ler todas as noites
pensando em mim.

for my mother
who taught me to read the book of life
and keeps reading every night
thinking of me.

INDEX

Preface   1

1. I read as a boy...   4
    from journey to journey
    anxiety and memory afflictions
    the days and nights of this city
    hundred and forty-seven
    the evening of Q & A
    as a boy I read the reality

2. second stage   30
    the almanac of writers
    I want to write a free text
    the music played on the piano
    far away the friend sang out
    dreams no longer spoke

3. letters ink letters inks   50
    boy alone just living and the books
    was good to see you again living creative
    alone only living and the paintings
    gone are the days of yore
    there are many gestures in a book
    our daily poem
    a thousand questions
    the last bird

4. test tube   70
    analyze
    the ineffable sweet art of feeling
    and this ineffable art of feeling and forgetting...
    the ineffable art of narrating
    back to the doctor of the world

ÍNDICE

Prefácio   2

1. quando menino eu lia   5
    de viagem em viagem
    os lapsos e angústias da memória
    os dias e as noites dessa cidade
    cento e quarente e sete
    a noite das perguntas e respostas
    quando menino eu lia a realidade

2. tempo segundo   31
    o almanaque dos escritores
    quero escrever um texto livre
    a música que tocava no piano
    longe cantava o amigo
    já nem os sonhos falavam

3. letras tinta letras tintas   51
    menino só viver e os livros
    foi bom rever-te criativovivo
    só só viver e os quadros
    vão já os tempos passados
    há muitos gestos num livro
    o poema nosso de cada dia
    mil perguntas
    o último pássaro

4. tubo de ensaio   71
    analisar
    a inarrável doce arte de sentir
    e esta inarrável arte de sentir e esquecer...
    a indisível arte de narrar
    regresso ao doutor do mundo

5. the lines I knew   86
   the speech and the river
   the aromas of chocolate words
   the other babylon
   every morning in the news
   when I was a boy... is not only longing
   boy in a dreams I read
   as a boy I would dream at 100 miles an hour

6. city place of you   114
   I would leave you notes
   calendar time
   the metaphor of birds
   between boy and grown up I was a gypsy
   life seen from the window

7. the other page   128
   canon or multiplicity?
   full stop

5. as falas que eu sabia   87
   as falas e o rio
   oa aromas das palavras chocolate
   a outra babilónia
   todas as manhãs nas notícias
   quando era menino... não é saudade apenas
   menino em sonhos leio
   quando menino sonhava a 100 à hora

6. cidade lugar do tu   115
   deixava-te bilhetes
   a hora do calendário
   a metáfora dos pássaros
   entre menino e crescido fui cigano
   a vida vista da janela

7. a outra página   129
   canon ou multiplicidade?
   ponto final

PREFACE

João Martins' latest poetry book - quando menino eu lia.... is a much welcomed addition to a personal production centered on his life long passionate quest for artistic expression, whether in the form of poetic writing, music, photography, painting and wood carving. This new book constitutes a powerful poetic and spiritual exploration of the many stages of the poet's quest since childhood to adulthood that ends up joyfully confirming the poet's timeless poetic vocation and his eternal quest to forge, create, and construct different growing imaginative worlds (childhood, youth, adulthood). This is an excellent, beautifully written and intellectual text, focusing first on that extraordinary world of a menino's discovery of the magic world of words. It is the personal and artistic journey of someone intensely and passionately searching for the appropriate form of art to capture, structure and enunciate his poetic self at different stages of life.

Chilean Nobel Prize Laureate Pablo Neruda once stated that if people would ask him what his poetry was about, he did not know. But added that by going directly to his texts, the poetry would more precisely reveal who he was. In the same way, João Martins' poetry, in the best tradition of Whitman, Marti, Pessoa, Borges, Neruda, is the vehicle to enter to the literary and philosophical ideas and beliefs that embrace his poetic pathos. What interests the most are not necessarily the anecdotical biographic circumstances (always present in any text) but how human experiences determining, shaping or affecting the formation of the poet's world and his inter relations with society and surrounding world transcend and speak to all.

In this remarkable voyage to the origins - to the home where the passion for reading and writing was ignited - the poet combines the personal and historical, the past and the present, memory and daydreams, the echoes of life in the village and in the city, the old and the modern into a particular "alloy" marked with impressive imagery, profound insights, varied rhythmic stanzas and different musical tones.

quando menino eu lia... is an ode to the pleasures of reading and writing. It is an invitation to partake in the journey of learning and yearning for knowledge and freedom. To read is to know and to be free, and to read this book is to learn about João Martins' genuine and authentic love for words.

Dr. Asela R. Laguna
Professor of Spanish
Department of Spanish and Portuguese Studies
Rutgers, The State University of New Jersey

quando menino eu lia…   João S Martins

1. I read as a boy...

I read as a boy...
boy's books in boy's
words with boy's tales

as a boy I was in a hurry
to walk to learn to run
to read and do many other
things the grownups reserve for themselves.
I went from dream to dream
inching forward from tiny step onto tiny step
as big as the age
late in coming.

I read little tiny lines
uppercase letters were
grownup letters
tall words in the eyes of a boy.
on the sly I read the books
I devoured in the library
that every week
waited for me wandering
in the town square the square of ideas
I read and read and more I wanted the boy's stories
or of the boys
since poetry was to me still unknown
of later verses

1. quando menino eu lia...

quando menino eu lia...
livros de menino em palavras
de menino com histórias de menino

quando era menino tinha pressa
de andar de correr de aprender
a ler e a fazer muitas outras
coisas reservadas aos grandes.
de sonho em sonho ia
avançando passo pequenino passo
grande tanto como a idade
que nunca mais chegava.

lia linhas minúsculas pequenas
letras maiúsculas eram letras
de palavras de crescidos letras
grandes aos olhos de um menino.
lia às escondidas os livros
que devorava na biblioteca
que todas as semanas
esperava por mim itinerante
na praça da vila e das ideias
lia lia e mais queria as histórias
de menino ou de meninos
que a poesia ainda não a conhecia
dos versos que mais tarde

I read as a boy... João S Martins

which I would keep in memory's pockets
and recited even without knowing
it was possible to write
differently. and books aggregated
ambitions difficult words
meals of pleasure and writing
as in my six year old's postcard
sent from far beyond the beach.

already in school I would meet other books
the first coins and games
of cards the maps and the charts
the first smoke inhaled away from the fireplace
in the secrecy of games
of hide and seek betting on chance
on the future yet to be played. even then
               without knowing
I was in need of correspondence
guessing the made up answers
to overheard conversations without a telephone
or echoes of distance
between restlessness and dirty
shorts or the dog eat dog world
outside around me
existing invisibly in the books.

I would then read and write music
because the sounds were echoes of other sounds
of words and of the flipping of the page
turned from land to land where
reading and writing would continued
now in other colors and dictionaries
through the growth pains
of legs of goals and visions.

    what am I doing here
    what is being done to me here?

as a boy in these books
as a boy of six or seven and a half

quando menino eu lia... João S Martins

guardaria nos bolsos da memória
e recitava sem saber ainda
que era possível escrever
diferentemente. e somava livros
ambições palavras difíceis
refeições de prazer e de escrita
como no postal dos seis anos
que enviei de longe lá da praia.

já na escola conheceria outros livros
as primeiras moedas e jogos
de cartas os mapas e as cartas
o primeiro fumo aspirado fora da lareira
no secretismo de quem joga
às escondidas à sorte e aposta
no futuro por jogar. já então
                sem o saber
era carente das cartas
adivinhadas as respostas inventadas
as conversas escutadas sem telefone
ou ecos da distância
entre o desassossego e o sujo
dos calções ou do mundo cão
lá fora à minha volta
a rodar invisível nos livros.

escrevia depois e lia música
que os sons eram eco dos outros sons
das palavras e do virar de página
folheada de terra em terra onde
continuava a leitura a escrita
agora noutras cores e dicionários
por entre o crescimento das dores
das pernas das metas e das visões.

    que ando a fazer por aqui
    o que me fazem aqui?

quando era menino nesses livros
de menino tinha seis ou sete e meio

I read as a boy…   João S Martins

I wanted to be double or triple
fifteen or twenty and have children
be five seven with mustache and beard
grow up to be that someone
foretold by prophetic books
that same someone I wanted
or someone by me and for me.
and resounded in the strings or the rocks
the echo of youthful liturgies in the small city
as the jump to the big city
was far. and became close
and was landscape painting drawing
photograph painted in the color
of books of many shades.

between routes and dreams I then
drafted future journeys
that would open horizons windows books
road books sea books heaven
books. with devotion I read the classical
hagiographers by obligation and pre-conviction
some forbidden by the adventure for pleasure.
and from journey to journey among mountains
and between this mountain and the city
I arrived in the capital of dreams
of offers of options and fantasies
only possible after a great crossing.

theater music in thoughts
memories of future books
philosophy of architectural whirlwind
concepts and images of the gods
societies and feverish months
strong April summer and May and flowers
discovery of hope reborn
from the other from someone else from some
love sown in sands
reflecting the heat and a future vision
of sweet fruit and kisses
a house glances and new adventure.

quando menino eu lia... João S Martins

queria ter o dobro ou triplo
quinze ou vinte e um e filhos
metro e setenta bigode e barba
crescer ser esse alguém
que os livros profetas anunciavam
esse mesmo alguém que eu queria
ou alguém por mim e para mim.
e soava nas cordas ou nas pedras
o eco das liturgias juvenis na cidade
pequena que o salto para grande cidade
estava longe. e fez-se perto
e foi paisagem pintura desenho
fotografia que pintava a cor
dos livros de muitos tons.

entre percursos e sonhos de então
redigi viagens futuras
que abririam horizontes janelas livros
estradas livros mares livros céus
livros. lia por devoção os hagiógrafos
clássicos por obrigação e pré-convicção
alguns proibidos pela aventura por prazer.
e de viagem em viagem entre serra
e serra entre esta e a cidade
cheguei à capital dos sonhos
das ofertas das opções fantasias
só possíveis após a grande travessia.

teatro música em pensamentos
memórias de livros futuros
filosofia turbilhão arquitectado
conceitos e imagens dos deuses
sociedades meses febris e
fortes abril verão e maio e flores
renascer de esperanças descoberta
do outro de outra de alguém algum
amor semeado nas areias
reflectindo o calor e uma visão
futura de frutos doces e de beijos
uma casa olhares e nova aventura.

I read as a boy...   João S Martins

next came the sea seagull and the flight and the mist
new chapter in the mysterious distance
and the rebuilding on foreigner land. there
a lesson was taught to me and I was told
that "nothing is *free*" except yourself
you are free and you can even statue
motionless and still be free
inside the prison imposed upon you
     the book is free
free the thought the desire the glance
the language the art and thinking
life does not stop and as they say
"The show must go on"
the books the music the lesson
learned syllable by syllable
when talking about football and women
was no alternative to emptyness
waking up every gray morning
in contrast to the colorful day
in the differences I did not anticipate
but I read avidly read read read
smoke signals and the words
I now wrote in new blood
and learned to live with ten or one hundred
challenge of each hour and day
like this one now plaguing me
of continuing to write and read
to read read and read and to write endlessly

   if it had to go back to the need
   often anger and grief
   of *"our daily sandwich"*

as said by the friendly voice of so many hours.
that this daily struggle brings us
sometimes happy sometimes bitter
planted and achieved dreams
as a language that unites us in evening of poetry
festivals of misunderstood language and music

quando menino eu lia... João S Martins

seguiu-se o mar gaivota e voo e bruma
novo capítulo na distância ignota
e o reconstruir em terra estranja. aí
ensinaram-me a lição e disseram
que "nada é *free*" excepto tu
que és livre e até podes ser estátua
imóvel mesmo assim és livre
dentro da prisão que te impuserem
    o livro é livre
livres o pensamento o olhar e o desejo
a língua a arte e o pensar
a vida não pára e como soe dizer-se
"*o espectáculo tem de continuar*":
os livros a música a lição
aprendida sílaba por sílaba
quando falar de futebol e de mulheres
não era alternativa ao vazio
de acordar cada manhã cinzenta
em contraste com o dia colorido
nas diferenças que nem sequer antecipava
mas lia sôfrego eu lia lia lia
os sinais os fumos e as palavras
que escrevia agora em sangue novo
e aprendia a viver com dez ou cem
desafio de cada hora e dia
como este que agora me assola
de continuar a escrever e ler
a ler ler e ler e a escrever sem fim

    se não tivesse que voltar à necessidade
    tantas vezes raiva e angústia
    da "*sandwich nossa de cada dia*"

como diz a voz amiga de tantas horas.
que esta luta diária nos traz
ora amargurados ora alegres
sonhos plantados conseguidos
como a língua que nos une em noites de poesia
festas da língua e música incompreendidas

I read as a boy...   João S Martins

on and the other drowned and compressed
by other parties and ritual luncheons

I began to read the maps rivers mountains ports
without really knowing how to use them
the carrack and the passarolas
of ancient and moderns of the day
including books published short stories and novels

a friend died friends die
without the words being able to decode
or even use the new directions
referring to traditional concepts
and distance for fear of the oblivion
saved by writing and by books.

between anxiety and afflictions of memory
I read my the letters written by my mother and by the distance
the love letters the letters of passion...
perhaps eternal expectation of the letters
with the name
letters not written the last
of letters non existant
the last of which will never be.

now I read and write write write
and before I read to devour ideas
or write to reminisce about what I missed
or publish later if someone would read
today it is the pleasure of playing with the words
these toys so serious from when
as a boy I read these words

and as once I wanted to be a greater painter
I was now drawing words and images
or music with different taste and shape
collecting the more the plenty the ancient.
I go back to the school of creation
carving shapes and figures and hands
and see in them the soul of him who molds them.

quando menino eu lia... João S Martins

uma e outra abafadas comprimidas
por outras festas e almoços rituais

passei a ler os mapas rios serras portos
sem saber muito bem como usá-los
a nau catrineta e as passarolas
dos antigos e modernos de então
entre livros publicados contos e romances

morreu o amigo morrem amigos
sem que as palavras descodifiquem
ou mesmo usem os novos sentidos
remetendo para conceitos tradicionais
e distanciamento pelo medo do esquecimento
salvo pela escrita e pelos livros.

entre lapsos e angústias da memória
lia as cartas da mãe e da distância
as cartas de amor as cartas de paixão...
quem sabe eterna espera das cartas
com o nome
as cartas não escritas a última
das cartas que não existe
que essa última carta não será.

agora escrevo e leio escrevo escrevo
e se antes lia para devorar as ideias
ou escrevia para matar as saudades ou
mais tarde publicar se alguém lesse
hoje é o prazer de brincar com as palavras
esses brinquedos tão sérios dos tempos
em que eu menino lia tais palavras

e tal como outrora quisera ser pintor maior
agora fazia desenhava palavras e imagens
ou músicas de sabor e forma diferente
a coleccionar o mais o muito o antigo.
regresso à escola da criação
a esculpir formas e figuras e mãos
e nelas ver a alma de quem as informa.

I read as a boy...   João S Martins

I cut collect and caress the tools
wooden letters paragraphs and dreams
as if children.

and there is writing and reading through the night or
awakening in the middle of a disturbing slumber
shaking the questions in a box
where thoughts guard and make them
a harvest of promises one by one:
I will be back in circles of words
poetry music painting photography
which I don't disdain or disown
                rather desire and dream.

long is this compilation of adventures and gestures
like cutting the air with invisible knifes
like planting in virtual lands
and harvest with open hands almost by accident
knowing the material they are made of
reading dirty poems and stories
some of them clean and more puritanical than the others.

    books of questions were so many
    books of answers I will write

as a boy I wrote with commas and periods
so I was taught by the old master
with embroidered letters some much larger
than others. only later learned
that all letters are sisters and equals
as in the books I'll read
in the music played by a glass musician
classical or minimal they called him
swelling intensely the sound
and the soul of the airwaves.

there were no ghosts or shadows on the pages
of the books in the rivers of my childhood
filled with the joys and fantasy of books
lengthen the days and nights

quando menino eu lia... João S Martins

corto colecciono e afago ferramentas
letras madeira parágrafos e sonhos
como filhos que também o são.

e há escritas e leituras noite fora ou
a meio de um sono que desperta incomoda
e agita as perguntas na caixa
onde o pensamento as guarda e faz
colheita das promessas uma a uma:
regressarei em círculos de palavra
poesia música pintura fotografia
que não desdenho nem deserdo
                    antes anseio e sonho.

longo é este somar de aventuras e de gestos
um recortar o ar com facas invisíveis
um plantar em terrenos virtuais
e colher de mãos abertas quase sem querer
saber o material de que são feitas
ler poemas sujos e histórias
limpas umas mais puritanas que outras.

*   livros das perguntas foram tantos*
*   livros das respostas escreverei*

escrevia menino com vírgulas e pontos
assim me ensinou a velha mestra
com letras bordadas umas bem maiores
que outras. só mais tarde aprendi
que todas as letras são irmãs iguais
como nos livros que eu lerei
na música de um músico de vidro
clássico ou mínimo lhe chamam
e dá corpo grande ao som
à alma das ondas hertezianas.

não havia sombras nem fantasmas nas folhas
dos livros nos rios da minha infância
repletos de alegrias que as fantasias dos livros
prolongavam os dias e as noites fora

I read as a boy...   João S Martins

in my small town childhood
where soldiers and cowboys would assemble
with princes and cats on the same page
fighting when I would fall asleep
all drinking from the same cup
before snuggling up next to me.

> *brief will now be the joy*
> *in other lands other childhoods*

the walked through mountains where stars
pointed paths beyond
the valleys traveled
between the hills by the train
flowing into the big city
after days nights of light
"Choo choo train chuggin' down the track. down the track... "

if before I read to learn I now knew
that to read more than then the light of open eyes
I needed to dream to see more
in the distance further and further
and understand even the closeness even if it were
beyond those mountains or seas
different in the way of singing the "fado vadio".

the days and nights in this city back then
were different. bread sold and bread served
accounts were taken in other books
through lands and countries. there

I dreamed of a universal language
forgetting that by using the same words
the sounds I heard were different
messages expressions of unity.

and if before I would read in hiding
I would now write without being seen
hoping they wouldn't see

quando menino eu lia...   João S Martins

na infância da minha aldeia
em que soldados e vaqueiros se juntavam
aos príncipes e gatos e na mesma página
lutavam e quando eu adormecia
bebiam todos do mesmo copo
antes de junto a mim se anicharem.

serão breves agora as alegrias
em outras terras outras infâncias

as serras calcorreadas onde estrelas
apontavam caminhos para além
dos vales corridos percorridos
entre os montes pelo comboio
que desaguava na grande cidade
depois de dias noites de luz
"pouco pão pouca terra pouca. pão
pouco..."

se antes lia para saber sabia agora
que para ler mais que a luz olhos abertos
precisava sonhar para ver mais
ao longe mais além e mais dentro
e entender o perto mesmo que ele estivesse
para além desses montes ou dos mares
diferentes no modo de cantar fado vadio.

os dias e as noites dessa cidade de então
eram diferentes. vendeu pão e serviu pão
fez contas em outros livros
correu terras e países. aí

sonhava com uma língua universal
esquecendo que ao usar as mesmas palavras
os sons o que escutava eram mensagens
diferentes expressões de unidade.

e se antes lia às escondidas
agora escrevia sem que o vissem
esperando que o não vissem

I read as a boy...   João S Martins

those who did not understand
and from reckoning only knew
how to add bread and wine.
I was back to the time of the catacombs
of writing and reading in hidden
fearfully under the blankets
under cover of silence and night.
who dared not tread its land
perhaps with the fear
of having the thoughts heard by someone
those intimate thoughts only writing and reading awaken.

> *many were now awake*
> *him and the thoughts and dreams*

he had come to his senses alongside visionary reality
       the statue in the distance beckoned him
and if the colors of the houses were still amorphous
sad and dull glow on the land
of opportunities was just green
the hope still blue as the sea
and sky. the stories did not differ
from the others nor the basic
needs survival instincts
the language was not necessarily
the same of the days and nights
different every day
worked from sunrise to sunset
from dark to dark
daydream for the "big dream"
sold to him
in movies and stories
of illusionary comic books
as real as the reality that
did not exist the books
                yet to be written
and gave himself sincerely
to books. and read read and in overtime
wrote wrote the story:

quando menino eu lia...　　　　　　　　　　João S Martins

quantos os que não o entendiam
e das contas apenas conheciam
como somar pão e vinho.
voltara ao tempo das catacumbas
da escrita e da leitura escondidas
a medo debaixo dos lençois
a coberto do silêncio da noite.
não que ousasse pisar terrenos seus
quem sabe se com o receio
de que lhe escutassem os pensamentos
íntimos que só a escrita e a leitura despertam.

eram agora muitos acordados
ele e os pensamentos e os sonhos

caíra em si e ao lado na realidade visionária
　　　　a estátua acenava-lhe ao longe
e se as cores das casas continuavam amorfas
tristes baças e o brilho na terra
das oportunidades era apenas verde
a esperança ainda azul da cor do mar
e do céu. as histórias não difeririam
das de outros nem as necessidades
básicos instintos de sobrevivência
a linguagem não era necessariamente
a mesma a dos dias a das noites
diferentes todos os dias
de sol a sol trabalhava
de escuro a escuro sonhava
desperto para o "grande sonho"
que lhe fora vendido
nos filmes e nas histórias
aos quadradinhos fantasiados
realidade tão real como a que
ainda não existia nos livros
　　　　　　　　　　por escrever
e dava-se em entrega sincera
aos livros. e lia lia e nas horas extra
escrevia escrevia a história:

I read as a boy...   João S Martins

the curious case of the number
one hundred and forty-seven

was not a code or password or lottery
never was such prize claimed
wore it like a second skin
interior and intimate tattoo

remaining from the time when clothes
required a number a brand
to distinguish them from other
linen shirts pants socks
and underwear. so he wore
a number that was not a fetish
sign of identity but bridge
between the stages and the distance.
with that number he learned
to open doors password
identified programs drew
and built projects such as
when that stamp was put upon him
indelible transparent intimately
accepted and real. and traveled
without superstitions but full of wishes
like playing ball and other games
of growing pains

even then still a boy and reading
boy's books and writing
boy's words and stories
as the boys read and write
in my village. while some dreamed
with the big cities
and others with large lands
of houses and crops and mansions
others still aspiring to tools
the hands could work
sowing building houses and family

and they were happy. I continued to write

quando menino eu lia... João S Martins

o curioso caso do número
cento e quarente e sete

não era código ou senha ou lotaria
nunca tal prémio fora reclamado
vestia-o como uma segunda pele
tatuagem interior e íntima

ficara-lhe do tempo em que a roupa
exigia uma marca um número
que a distinguisse da dos outros
calças lençois camisas meias
e roupa interior. por isso vestia
o número que não era fetiche
marca de identidade mas ponte
entre as etapas e a distância.
com esse número aprendeu
a abrir portas palavra de passe
identificava programas desenhava
e construía projectos como
quando lhe puseram esse carimbo
indelével transparente íntimamente
assumido e real. e viajava
sem superstições mas cheio de desejos
tal como jogava à bola e outros jogos
de crescer manietado

ainda então era menino e lia
livros de menino e escrevia
palavras e histórias de menino
como liam e escreviam os meninos
da minha aldeia. enquanto uns sonhavam
com as grandes cidades
outros com as grandes terras
de casas e de cultivo e solares
alguns aspiravam a ferramentas
que as mãos pudessem trabalhar
semear construir casas e família

e eram felizes. eu continuei a escrever

I read as a boy...

João S Martins

letters and stories of a young boy
for boys from the boy who continued
to be and to read and to read and write stories
for stars of all ages
between words and parallel
pauses recurrent exercises
of patience from painting to photography
form stone and wood to tastes to reading

> *and now boy of books*
> *what books do you write and read?*

I do not know if still a boy of books
or already grown I found myself in
the night of questions and answers
of the life cycles of a day
episodes that tomorrow will be
reality or perhaps not
                no matter:
if the new is always the same
and the same always new and suddenly
becomes cruel news

> *so we wake up before the unexpected*
> *in a book of any age*

Now a boy I come home and read
books of boys turned men
boys' books written by men
stories of men-boys
and if the trip is done I write
because travel is what happens
in this return "homes".
but by the written and delineated path
I decipher the other voices traveling
the network in the music and with them
I mix and lose myself among the classical chromatic
among the poems heard and reheard.
because the ancient trips
are never forgotten and I may

quando menino eu lia...　　　　　　　　　　João S Martins

cartas de jovem menino e contos
para menino do menino que continuava
a ser a ler ler e escrever histórias
para estrelas de todas as idades
por entre palavras e intervalos
paralelos recorrentes exercícios
de paciência da pintura à fotografia
à madeira à pedra aos sabores à leitura

> *e agora menino de livros*
> *que livros escreves e lês?*

não sei se ainda menino de livros
ou já crescido me encontrei na
noite das perguntas e respostas
dos ciclos da vida de um dia
episódios que amanhã serão
realidade ou talvez não
　　　　　　pouco importa:
se o novo é sempre o mesmo
e o mesmo sempre novo e de repente
se transforma em cruel novidade

> *assim despertamos perante o imprevisto*
> *de um livro de qualquer idade*

hoje menino chego a casa e leio
livros de meninos feitos homens
livros de meninos escritos por homens
histórias de homens meninos
e se a viagem se faz eu escrevo
porque é de viagem que se trata
neste regresso "aos lares".
mas pelo caminho escrito descrito
decifro as vozes outras que viajam
na rede nas músicas e com elas
me misturo e perco entre o cromático clássico
entre os poemas ouvidos e reescutados.
porque as viagens as mais antigas
nunca se esquecem e poderei

I read as a boy...   João S Martins

forget a title a verse or a theme
from the poem from the book from the voices beyond
do not run with the same speed
as when we left them
or moved away without thinking
and quietly for good
and for bad will attach themselves to our shadow
to the words of the cast
              shadow of a boy.

as a boy I read
among the flavors of the time
thick sauce of chestnuts
we called chocolate because the real thing was scarce
the unpalatable or salted shredded codfish
like dreams of of green "caldo verde" soup
or split fried fish of another color
as many as the heads
that were the thoughts and opinions
and the stolen kisses on the sly
before the chimes for the Hail Mary
or in the darkness into the night

freedom ashamed and withheld
"Radio Moscow does not speak the truth"
the twenty-third hour
the long nights of the *fm* stereo
after the telenovelas true
comics in pictures
moving in the novelty
of a television younger then us
we fled leaping to the river
fearless words of adventure.

there is no decree or law enforcing
just to talk with your mouth
writing only with the hands or feet.
you spoke though your eyes and wrote
with the body in points of admiration

esquecer um versículo título ou tema
do poema do livro as vozes de mais longe
não fogem com a mesma velocidade
com que nós as deixamos
ou nos afastamos sem pensar
e que sorrateiramente para o bem
e para o mal se irão colar à nossa sombra
às palavras da projectada
             sombra de menino.

quando menino eu lia
por entre os sabores de então
caldo grosso de castanhas
dizíamos de chocolate que o real era escasso
o bacalhau desfiado insonso ou salgado
como os sonhos caldo verde
ou doutra cor peixe frito dividido
tantas quantas as cabeças assim
era o pensamento e as opiniões
e os beijos roubados ou escondidos
antes das badaladas das avé-marias
ou no escuro noite fora

liberdade envergonhada e sonegada
" rádio moscovo não fala verdade "
a vigésima terceira hora
nas noites longas do *fm* estéreo
depois das telenovelas autênticas
bandas desenhadas em imagens
em movimento na novidade
de uma televisão mais criança que nós
fugíamos até ao rio aos saltos
destemidas palavras da aventura.

não há decreto ou lei que imponha
que falar é só com a boca
escrever só com as mãos ou pés.
falavas pelos olhos e escrevias
com o corpo em pontos de admiração

I read as a boy...							João S Martins

> *even when I was a boy or maybe not*
> *I read and wondered as I do today...*

when I was a boy I read and saw
as in a wide screen
in a public outdoor cinema
of ghosts and cowboys
and from the projection birds flew
on the white interior walls
of my head slowly
moving and speeding up
until the colors and words began to mix
painting the entire landscape of almost there...

I need a name of names
lest I get lost not to lose
the things in between these
things of life inhabited by the names
of others even when I forget
other names other gave me that I gave
and they kept. except me.

and read the books of names and maps
and hands and stars and routes
and write about my name and my map
about my hands and my stars and the trips
I made up from the time long ago
in which boys read books for boys

perfect hands do not exist
not even the last books I wanted
to write as the last letter
that does not exist I did not write. boys
in my day grow
as in these stories. even when
in my own time are still
the same grown up boys
in boys' books or other boys
boys reading boys' *books* in
boys' words with boys' stories

quando menino eu lia... João S Martins

já quando menino ou talvez não
eu lia e perguntava como hoje...

quando menino lia e via
como num ecran panorâmico
no cinema público ao ar livre
dos fantasmas e dos cowboys dos filmes
projectados voavam pássaros
nas paredes brancas interiores
da minha cabeça que lentamente
se moviam e aceleravam até
começarem a misturar cores e palavras
pintando toda a paisagem do quase ali...

preciso de um nome de nomes
para que não me perca não se percam
as coisas que faço entre essas
coisas da vida onde habitam os nomes
dos outros mesmo quando esqueço
os nomes que outros me deram que eu dei
e eles guardam. excepto eu.

e leio os livros dos nomes e dos mapas
das mãos e das estrelas e das rotas
e escrevo sobre o meu nome e o meu mapa
minhas mãos estrelas minhas e viagens
que inventei desde os longos tempos
em que meninos liam livros de meninos

as mãos perfeitas não existem
nem os livros últimos que eu queria
escrever tal como a última carta que
não existe eu não escrevi. os meninos
do meu tempo de menino crescem
como nessas histórias. mesmo quando
no meu próprio tempo ainda sejam
os mesmos meninos grandes
em livros de menino ou outros meninos
meninos a ler *livros de menino* em
palavras de menino com histórias de menino

I read as a boy... João S Martins

such as when
                I read as a boy...

quando menino eu lia...   João S Martins

tal como
           quando menino eu lia...

2. second stage

on the radio a poem is read
in an intimate and fortuitous voice:
two friends from school
one good in mathematics literature
philosophy poetry and other
visual and auditory arts
sensitive and down to earth.
the other devoted to physics
and chemistry with a liking for other flights
less intimate a little less playful
not at all aesthetical. one published texts
and love letters with the same frequency
the other offered
mercy bombs
so he said the last wishes
seen from above to those whom at an eye's blink
would be sacrificed in the name
an idea of a culture a god.
his
       never theirs.
contagious hallucination egocentric
fantasy

the first one was swimming among the books
and pages of still water in the peaceful
lake of clear bounds

2. tempo segundo

na rádio um poema lido
com voz intimista de circunstância:
dois colegas de escola
este bom em matemática literatura
filosofia poesia e outras artes
visuais e auditivas
terra a terra sensíveis.
aquele dedicado à ciência física
e química com apetência para outros voos
menos íntimos pouco lúdicos
nada estéticos. aquele publicou textos
e cartas de amor com o mesmo intervalo
com que o segundo oferecia
bombas de misericórdia
assim ele dizia os útimos desejos
vistos lá do alto aos que num ápice
iriam ser sacrificados em nome
de uma ideia uma cultura um deus.
o dele
       nunca o deles.
alucinação contagiante fantasia
egocêntrica

nadava o primeiro entre livros
e folhas de água calma no lago
repousado de orlas claras

I read as a boy...   João S Martins

in balanced lines sensitive
colors of repose and creation
remote from the other colors
of fire sounds lightning
outbursts of senseless terror
to the interior eruptions
                   of consciousness

I stopped the car by the roadside
turned off the engine and entered
this small oasis of time
without walls. only the drawings
in the garden flower beds and shrubs
and kept listening...
between two opposing sides
there is always a third viewpoint:
some will call it truth
i might say: path. mine.

and every day at seven
thirty each evening
the same fortuitous voice
aligns dates recalls events
and reads a poem from the almanac
that I would liked
                to have written

    in the writers almanac

I want to write a free text
expressing itself freely
what it feels and I feel
without me becoming needlessly attached
or feel trapped
              or dependent
to respect me and depart
to knock from door to door
from house to house
to be read freely

quando menino eu lia... João S Martins

em balanceadas linhas sensíveis
cores de repouso e criação
alheadas das outras cores
de fogo sons relâmpagos
explosões de terror insensível
às erupções interiores
              das consciências

parei o carro à beira da estrada
desliguei o motor e entrei
neste pequeno oásis de tempo
sem muros. só os desenhos
no jardim canteiros e arbustos
continuei a escutar...
entre dois lados contrários
há sempre um terceiro ponto de vista:
chamar-lhe-ão alguns verdade
direi talvez: caminho. o meu.

e todos os dias às sete horas
e trinta minutos de cada tarde
a mesma voz circunstancial
alinha datas recorda efemérides
e lê um poema do almanaque
que eu gostava
          ter escrito

    no almanaque dos escritores

quero escrever um texto livre
em que ele próprio livremente
diga o que ele sente e eu sinto
sem me prender inutilmente
ou eu nele me sentir preso
            ou dependente
que me respeite e que parta
e bata de porta em porta
entre de casa em casa
livremente para ser lido

I read as a boy... João S Martins

there are spirits memories that inhabit
house walls as if people
were alive and were
present in large and small
moments and later wander
sit on the couches and at the table
share aspirations and ambitions
never before shared
because they had no chance
to speak to feel to express
even to write because
they had never been taught how to write
in the school they did not attend
never taught to express feelings.
because feeling they really felt
and talk they did even fearfully and writing
even illiterate they wrote
stories in thought
novels and I suspect that even
beautiful verses were poured
in books never published
they felt the same pain of giving birth
to a book on the construction of
outlines who followed the story
candidly told the pain
the realism of those who lived it
among so many stories

> *recounted*
> *enchanted*
> *sung*

the music played on the piano
free as jumping letters
between lines finding their place
in the score of a new book.
the interpretation was itself
a careful reading
as one who reads a book discovers
and recounts the steps the feelings

quando menino eu lia... João S Martins

há espíritos memórias que habitam
as casas as paredes como se pessoas
fossem e vivas estivessem
presentes nos grandes e pequenos
momentos depois vagueiam
sentam-se nos sofás e à mesa
partilham aspirações e anseios
que nunca antes tinham partilhado
porque não lhes deram oportunidade
de falar de sentir de expressar
até mesmo de escrever porque
nunca lhes tinham ensinado a escrever
na escola que não frequentaram
não lhes ensinaram a expressar os sentimentos.
porque sentir realmente sentiam
falar falavam embora a medo e escrever
mesmo iletrados escreviam
em pensamento histórias
romances e suspeito que até
faziam lindos versos vertidos
em livros nunca publicados
sentiam as mesmas dores de parir
um livro na construção das linhas
mestras que seguiam a história
contada a candura a dor
o realismo de quem a vivera
entre tantas e tantas histórias

> *contadas*
> *encantadas*
> *cantadas*

a música que tocava no piano
soltava-se como letras saltando
entre linhas procurando o seu lugar
na partitura de um novo livro.
a interpretação era em si
uma leitura cuidadosa
como quem lê um livro descobre
e reconta os passos sentimentos

I read as a boy...　　　　　　　　　　　　　　　　João S Martins

the emotions now sounds-letters:
delicate embroidery here
an octave above strong steps
low echoes of a stroll on the sidewalk
fugues through the shadows and street lamps
rays of light bouncing following
the dance of the fingers the recurring game
lovers who meet at the end
(along the lines of a musical score) and
lie on a soft chord
in major key and protracted resonance

among unfolding notes the spaces
the time doors ajar
as in the essays that the teacher
forced us to write over and over
as we contemplated the maps
of Southern Africa from the time of his grandfather
in the expedition of the pink colored map
the buffalo skulls and the navigation
instruments of the time
in which the major reading was of the stars
and of the winds and the seas and the voices of the jungle
signs of the times from the traveling time

 * * *

the first trips travel going
to the city for the entrance exam
(entrance to what?) to high school they said but
how could it be if in my town
there was no high school and far
was the trip to the city with high school

 far away the friend sang out

time will be your friend
there is always time for time
to listen to you my friend...
and then added: beautiful things

quando menino eu lia...　　　　　　　　　　　　João S Martins

emoções agora em sons-letras:
delicado bordado aqui
uma oitava acima passos fortes
ecos graves de caminhadas na calçada
fugas por entre as sombras e candeeiros
raios de luz saltitantes acompanhando
a dança dos dedos o jogo que se repete
os amantes que no final se encontram
(nas linhas de uma pauta musical) e
repousam num acorde suave
em tom maior e ressonância prolongada

entre notas se desdobram os espaços
compassos portas entreabertas
tal como nas redações que a professora
nos obrigava a escrever vezes sem conta
enquanto contemplávamos os mapas
do sul de áfrica do tempo do seu avô
na expedição do mapa cor-de-rosa
as caveiras dos búfalos e os instrumentos
de navegação desse tempo
em que a leitura maior era a das estrelas
e dos ventos mares vozes da selva
sinais dos tempos do tempo da viagem

    * * *

das viagens primeiras a ida
à cidade para o exame de admissão
(a quê?) diziam que ao liceu mas
como poderia ser se na minha terra
não havia liceu e estava longe
a ida para a cidade com liceu

    longe cantava o amigo

o tempo será teu amigo
há sempre tempo para o tempo
de te escutar meu amigo...
e logo acrescentava: coisas belas

I read as a boy...   João S Martins

we could have done if we had
lived longer side by side.
would it be my friend or my father?
close to each other we were
I'm sure. sharpening pencils
or other tools we did
no doubt. perhaps the love of these
and other instruments were different
because of the heat they would transmit
when closer

how to tell this time?
time lived or dead time
or minutes from another time
hours from another clock
this grinding machine
pushing and advancing
always
always

> *in the friendship of time*
> *new silence friend*

when silence was lifted
and became speech all
the others remained silent:
questions and answers
cries even the muffled ones
arguments and longing sighs
squabbles of slammed doors

finally there was silence
his voice sounded
giving voice to the voiceless
saying the unthinkable
      the unspeakable
telling their stories and fears
as one who writes a book
in silence. as one
writes silent words

quando menino eu lia...   João S Martins

poderíamos ter feito se tivéssemos
vivido mais tempo lado a lado.
seria o meu amigo ou o meu pai?
perto um do outro estávamos
tenho a certeza. afiar os lápis
ou outras ferramentas fazíamos
não duvido. talvez o carinho destes
e outros instrumentos fosse diferente
pelo calor que eles transmitiriam
em maior proximidade

como contar esse tempo?
tempo vivo ou tempo morto
ou minutos de outro tempo
horas de outro relógio
essa máquina que tritura
ora empura e avança
sempre
sempre

> *nas amizades do tempo*
> *amigo novo silêncio*

quando o silêncio se levantou
e se fez discurso todos
todos os demais se calaram:
as dúvidas e respostas
os gritos mesmo os mais abafados
argumentos suspiros e ânsias
arrufos de bater a porta

fez-se silêncio finalmente
soou a sua voz
dando fala aos sem voz
dizendo o impensável
     o indizível
contando suas histórias e medos
como quem escreve um livro
em silêncio. como quem
escreve palavras silenciosas

I read as a boy...   João S Martins

inaudible words silenced
of how many day to day
shut up and talk less
as the people who kep their voices
in a cage like a bird trapped

why calling you
if I know beforehand
you will not respond or answer
much less in this portable handset
that is closest to you or
on the device in your house
much less on the computer
because you know that seeing me
may be as great a risk
as for me to watch your absence
of form and the neglect
where you have fallen and so you avoid me
and dodge my questions
and the answers that without you say it
are conveyed in your gaze

    back to the time without time
    dreaming a dream without sleep
    if waken up at dawn
    will there still be time
    or will hear the wind?

    not even in dreams they spoke...

between three and five in the morning
the hands of the clock seem
to move in a disorganized manner.
time does not pass the same way
    (it run and creeps
    does not have the same speed)
for every person or even to the same person
or to the different parts of their body:
the eyes the torso and legs extended
the mind the reasoning. the thoughts

quando menino eu lia... João S Martins

inaudíveis palavras silenciadas
de quantos dia a dia
se calam e falam menos
como as pessoas que guardaram a sua voz
numa gaiola como um pássaro preso

para que telefonar-te
se de antemão sei
que não respondes nem atendes
muito menos nesse aparelho portátil
que te está mais perto nem
no aparelho de tua casa
muito menos no computador
porque sabes que ver-me
poderá ser um risco tão grande
como eu observar a tua falta
de jeito e o desleixo
em que caíste e assim me evitas
e evitas as minhas perguntas
e as respostas que sem que as digas
transmites no teu olhar

> de volta ao tempo sem tempo
> sonhando um sonho sem sono
> se acordar a madrugada
> será que ainda vai a tempo
> ou escutará o vento?

já nem em sonhos falavam...

entre as três e as cinco da manhã
os ponteiros do relógio parecem
mover de forma desorganizada.
o tempo não passa da mesma maneira
   (tanto corre como se arrasta
   não imprime a mesma velocidade)
para todas as pessoas nem na mesma pessoa
ou nas diferentes partes do seu corpo:
no olhar no tronco e pernas estendidos
na mente no raciocínio. o pensamento

I read as a boy...
João S Martins

(are they part of the body) runs
faster than the hands
however much it costs me
for as much as I like hands
they do not follow or carry
to writing and in the pen
the rapid pace of my thoughts.
I may think too fast or write
so excessively slowly.
the very gaze frightens me because
it does not see or read at five o'clock in the morning
in normal way I read yesterday
at three or four in the afternoon
the shadows seem halted
with a very specific weight:
they are shadows and slow ideas
as slow as the rain falling outside
without wind only governed by the law of gravity
the water of the droplets fall constantly
and the shadows weigh but did not fall
the light of the lamp is dim
and holds the shadows but does not hold
to rain nor the hand in this dance
classical or tragic
of drop in three acts
light-rain-shadow in tune

and if someone sleeps next to me
and the rhythm of her breathing is a heart
beat speeding at it's pace
will also be different from mine
her overnight trip will be
indecipherable to me and so
through the night the hands moving
the mechanism of the clock beats
beats tic tac beats beats apparently
mechanically the same indifferent
oblivious to my insomnia and quickly
settled without paying attention to sleep.
it also

quando menino eu lia… João S Martins

(será ele parte do corpo) anda
mais depressa que as mãos
por muito que isso me custe
por quanto eu goste das mãos
elas não acompanham nem transportam
para a escrita e na caneta
o ritmo veloz do meu pensar.
pensarei depressa demais ou escrevo
de forma excessivamente lenta.
o próprio olhar me assusta porque
não vê nem lê as cinco da manhã
com a normalidade com que ontem lia
as três ou quarto da tarde
as sombras parecem paradas
com um peso muito específico:
são sombras e ideias lentas
tão lentas como a chuva lá for a cair
sem vento só pela lei da gravidade
a água das gotas constantes cai
e as sombras pesam mas não caem
a luz do candeeiro é frouxa
e segura as sombras mas não segura
a chuva nem a mão nesta dança
clássica ou trágica
de uma queda em três tempos
luz-chuva-sombra em sintonia

e se ao meu lado alguém dorme
o seu ritmo de respiração a batida
cardíaca velocidade do seu tempo
será também diferente da minha
a sua viagem nocturna será
indecifrável para mim e assim
noite fora os ponteiros que se movem
o mecanismo do relógio que bate
bate tic tac bate bate aparente
mecanicamente igual indiferente
alheio da minha insónia e rápidamente
se instalou sem prestar atenção ao sono.
também ele

I read as a boy...

João S Martins

    slowly
    departs
indifferent to repeated rain
rhythmic smooth and soft that installs itself
like that slow poem
progressively slower
in secure voice: "bate leve
bate leve levemente"
I do not know where or why

but I am no longer able to listen
the bells from my village
counting hours in the distant hills
the tolling of the bell and the time
distant faaaar far away
slooooowly bringing
back to sleep and
returning the settled dreams.
who knows if tomorrow or sooner
they will mark the
ti-me ti-me ti-me ra-in
ti-m_ with raaaa-iiiin
until at seven-twenty in the morning

    ... as in the old days
    in the ancient times of being a boy.

because in more recent ancient times
we loved each other with madness and curtains
and in the full light of day we ran
unbound through the house unprejudiced
without children or inappropriate clothing
for the occasion did not need
to be created it was there
at the reach of fingertips and toes
and of the body of a cushion or
a couch or the shiny and dust-free floor
of time that would prove itself
outlasted because the past
was the seed of an unlimited promise

quando menino eu lia...   João S Martins

       lentamente
       se afasta
indiferente à chuva repetida
suave ritmada e mole que se instala
como aquele poema lento
progressivamente lento
em voz segura: bate leve
bate leve levemente
não sei onde nem porquê

mas já não escuto
os sinos da minha aldeia
que no monte longe davam as horas
as badaladas do sino e do tempo
lá longe looooonge longe
que leeeentamente traz
de volta o sono e faz
regressar os sonhos que se instalam.
quem sabe se amanhã ou mais logo
serão eles a marcar o
tem-po tem-po tem-po chu-va
tem-p_ tem chuuuu-vaaaa
até às sete e vinte da manhã

      ... tal como antigamente
      nos tempos mais antigos de menino.

porque no outro antigamente mais recente
amávamo-nos entre loucuras e cortinados
e à luz do pleno dia corríamos
soltos casa fora sem preconceitos
nem crianças ou roupas inoportunas
que a oportunidade nem precisava
que a construíssemos estava ali
ao alcance das mãos e dos pés
e do corpo de uma almofada ou de
um sofá ou chão brilhante e sem pó
dos tempos que iriam revelar-se
ultrapassados porque o passado esse
era a semente de uma promessa ilimitada

I read as a boy...
João S Martins

today or yesterday in the interval
of two "re-sounds" and in anticipation
of a timid little sun out there
we drink a few more drops of that liquid
also tasteless coffee on the break
between a hurried bath and the car
outside. because after all the prejudices
returned and the inopportunities
resettled in the house where they had been
permanently expelled we thought.
but not so much they said
without giving us time to find them
an antidote like the one we used for the weeds
invading the waterless garden.
nor did time gave us
time and from escape to flight quickly
we risked tomorrow's memories
take the place of what furnished
house and life because the sofas are still
there but are not just only for us anymore
but also the dog's and of the concerns
and children's and of papers and songs
who moved to the past
the table has yellowed newspapers and books
we no longer read or listen
with the same ears and eyes of
old and the varnished floor
with scratches and dust lost its luster
a glow that neither the beads of sweat then stained
even in the least old of the old days.

> *the presents become scarce*
> *as the birthdays*

you said that given the fact
age does not forgive
when apparently
the common people say there is no memory
happily everything is new

quando menino eu lia… João S Martins

hoje ou ontem no intervalo
de dois "ressons" e na antecipação
de um solinho tímido lá fora
bebemos umas gotas mais desse líquido
insípido café também de intervalo
entre o banho fugitivo e o carro
lá fora. porque afinal os preconceitos
regressaram e as inoportunidades
realojaram-se na casa de onde tinham sido
expulsas definitivamente pensávamos.
mas não tanto assim disseram elas
sem nos darem tempo para lhes encontrar
antídoto como o que usamos para as ervas
daninhas que invadem o jardim sem regar.
nem para isso o tempo nos deixa
tempo e de fuga em fuga rapidamente
arriscamos a que amanhã as memórias
ocupem o lugar do que nos mobilava
a casa e a vida porque os sofás ainda
lá estão mas já não são só nossos
mas também do cão e das preocupações
e dos filhos e de papéis e músicas
que se mudaram para o passado
a mesa tem jornais e livros amarelados
que já não lemos nem escutamos
com os mesmos ouvidos e olhar do tal
antigamente e o chão envernizado
com riscos e pó perdeu o brilho
que nem as gotas de suor então manchavam
mesmo no antigamente menos velho.

*os presentes começam a rarear
como os aniversários*

dizias atendendo a que
a idade não perdoa
quando aparentemente
não há memória diz o povo
alegremente tudo é novo

I read as a boy... João S Martins

verse and truth
that are far beyond
all considerations
new is the discovery
each morning
of the kiss
I do not know how it was
of a beautiful face
because yesterday's wrinkles
do not exist and are only one
word reinvented
in a hidden book
forgotten smile
not
only a gesture
well kept

    in the still memory

quando menino eu lia...　　　　　　　　　　João S Martins

o verso e a verdade
que estão muito para além
de todas as considerações
nova é a descoberta
de cada madrugada
do beijo que
já não sei como era
de um rosto belo
porque as rugas de ontem
não existem e são uma só
palavra reinventada
num livro escondido
sorriso esquecido
não
um gesto apenas
bem guardado

    na ainda memória

3. letters ink letters inks

boy
alone
just living and the books
living just of books will be
living of books alone
I only sit and feel
and feign life and the lives
of the inhabitants of books
of the living and alone
within the books.

each chapter a house
each page a room
a paragraph a sofa
a line a chair
or a bed; letter is
lamp plate or glass
door and windows will have
beyond the full stop
commas will be rest
punctuated explanations
title door number.

through all this a god
surrealist painter a wise man
or a mason who builds or destroys

3. letras tinta letras tintas

menino
só
só viver e os livros
viver só de livros será
viver de livros só
só me sento me sinto
e finto a vida e as vidas
dos habitantes dos livros
dos vivos e sós
dentro dos livros.

cada capítulo uma casa
cada página é um quarto
um parágrafo um sofá
uma linha uma cadeira
ou uma cama; letra é
candeeiro prato ou copo
porta e janelas terá
para além dos pontos finais
as vírgulas serão descanso
explicações pontuais
título número da porta.

por entre tudo isto um deus
pintor surreal um mago
ou pedreiro constroi ou aniquila

I read as a boy…   João S Martins

in acts of geniality or wickedness.
throw him out in the street and leave him
outside of history or the poem
is a difficult task
he already soaked the bones
contaminated the blood
the text and the hands.

now take him or leave him
live alone vagrant fool
between the battle lines
between the sheets of passion
philosopher between the lines
poet vagabond dreamer
but only just faker
a throw of people
only
a pencil paper and fingers
walking between pages
alone
in the cover photo
cover of lonely man
alone
woman fantasy or alias
whom hides from the lonely
shiu…
will it be possible
a life of lonely books
closed off only in the books
only in the books
of lonely men (?!)

        was good to see you again *livingcreative*
        in *instantextent* extant
        short and rich
        as *goodfuture*.
        tahnkyouyou friendme
        I hope you do not feel alone.
        choose now: poet or painter…

quando menino eu lia... João S Martins

em gestos de génio ou malvadez.
pô-lo na rua e deixá-lo
fora da história ou do verso
é difícil tarefa
ele já embebeu os ossos
contaminou o sangue
o texto e as mãos.

agora é aceitá-lo e deixá-lo
viver só louco vadio
entre as linhas da batalha
entre os lençois da paixão
filósofo de entrelinhas
poeta vagabundo sonhador
mas só somente finginte
um arremesso de gente
só
um lápis papel e dedos
que caminham entre folhas
sós
na fotografia da capa
capa de um homem só
só
mulher fantasia ou pseudónimo
de quem se esconde dos sós
shiu...
será possível
a vida dos livros sós
fechada apenas nos livros
só nos livros
dos homens sós (?!)

      foi bom rever-te *criativovivo*
      num *instantetanto* tanto
      de curto como de rico
      como de *futurbom.*
      obrigadodado amicomigo
      espero que não te sintas só.
      escolhe agora: poeta ou pintor...

I read as a boy...　　　　　　　　　　　　　　　　João S Martins

alone
only living and the paintings
living only of canvas will be
living only of paper
I just felt and feel
and feign the ink and and the lives
of the inhabitants of the cavas
of the living and alone
within the paintings.

each line is a home
each retouch is a room
a shadow a sofa
a light one chair
or a bed; point is
lamp plate or glass
door and windows will have
beyond the final draft
the rested strokes
impromptu explanations
in pastel tones door number

among all this a god
surreal poet a wise man
or mason building or destroying
in acts of geniality or wickedness.
throwing him out in the street and leave him
out of the frame or the picture is
a difficult task
he already soaked the bones
contaminated the oils
the hands the blood;

now take him or leave him
live alone vagrant fool
between the battle colors
between the sheets of passion
philosopher of halftones
painter vagabond dreamer
but only just faker

quando menino eu lia... João S Martins

só
só viver e os quadros
viver só de telas será
viver de papeis só
só me sento me sinto
e finto a tinta e as vidas
dos habitantes das telas
dos vivos e sós
dentro dos quadros.

cada traço é uma casa
cada retoque é um quarto
um sombra um sofá
uma luz uma cadeira
ou uma cama; ponto é
candeeiro prato ou copo
porta e janelas terá
para além do esboço final
as pinceladas descanso
explicações pontuais
a pastel número da porta

por entre tudo isto um deus
poeta surreal um mago
ou pedreiro constroi ou aniquila
em gestos de génio ou malvadez.
pô-lo na rua e deixá-lo
fora da moldura ou do imagem é
difícil tarefa
ele já embebeu os ossos
contaminou os óleos
o sangue as mãos;

agora é aceitá-lo e deixá-lo
viver só louco vadio
entre as cores da batalha
entre os lençois da paixão
filósofo de meios tons
pintor vagabundo sonhador
mas só somente finginte

I read as a boy...

João S Martins

a throw of people
alone
a brush paper and fingers
walking among pages
alone
in the image of a catalog
sketch of a lonely man
lonely woman
fantasy or pseudonym
of whom hides from the lonely
shiu...
will it be possible
the life of lonely painters
closed off only on canvas
only in paintings
of lonely men (?I)

this question of tone of tones
of the same tone
painting I understand that the tones
        command true musical
        tones take us to the sounds
        the closest in chords
in voice many and more beautiful then sounds
tones reveal
X-rays showing us
what our flesh envelops
and hide in our skeleton
of verticality

still sounds and tones
of words in a mouth
tones of voices of shiver or warmth
skin tones of the soul
 the fingertips sense
        in the subtlety of a face
        in the color of apples
tasting the acid tones or
        bittersweet perfumes
            of a thousand tones and a thousand landscapes

quando menino eu lia… João S Martins

um arremesso de gente
só
um pincel papel e dedos
que caminham entre folhas
sós
na imagem de um catálogo
esboço de um homem só
só mulher
fantasia ou pseudónimo
de quem se esconde dos sós
shiu...
será possível
a vida dos pintores sós
fechada apenas nas telas
só nos quadros
dos homens sós (?!)

esta questão do tom dos tons
do mesmo tom
pintando entendo que os tons
        comandam a verdade musical
        os tons nos levam aos sons
        os mais próximos em acordes
de voz tantos e belos mais que sons
os tons revelam
radiografias que nos mostram
os que as nossas carnes envolvem
e escondem no nosso esqueleto
de verticalidade

mesmo assim os sons os tons
das palavras na boca
tons de vozes de arrepio ou de calor
tons da pele da alma
 que as polpas dos dedos sentem
        na subtileza do rosto
        no colorido das maçãs
a saborear nos tons ácidos ou
        agridoces de perfumes
        de mil tons e mil paisagens

I read as a boy...　　　　　　　　　　　João S Martins

in this autumnal tone circle
this journey of tones and
ages shades
　　　　in the spectra I found you
drift embark and feel
　　in the same tone
more than the color light melody
　　in beautiful day that spoke of you

was the conversation words
of the same tone of this verbal music
of relished words
like glances of feeling
　　　　cozy
in ports of arrival
in connecting wires
in quilts warming the
distances and nights
in the pleasant promenade of words
in the trail of the stars
in the color of brushes or eyes
of sensitive aromatic tones
in the rising light
of consonant words
of conversations
unique and personal. you. we

gone are the days of yore
I was told as a boy
I would have a great bright
future before me
when what I most wanted
all I asked
was a present a light
to allow me to read. today

when the book closes
or if a light is interrupted
the world soon falls upon us
arrested dreams of pages

quando menino eu lia… João S Martins

neste círculo tonal outonal
este caminhar de tons e
idades tonalidades
     em espectros te encontrei
embarcar vogar e sentir
    no mesmo tom
mais que a cor a luz a melodia
    no dia belo que me falava de ti

era a conversa palavras
do mesmo tom dessa música verbal
das palavras que se gostam
como olhares de se sentir
    aconchegadas
nos portos de chegada
nos fios condutores
nas mantas que aquecem
as distâncias e as noites
nesse passeio ameno de palavras
nos rastos das estrelas
na cor dos pincéis ou dos olhos
de tons sensíveis aromáticos
na luz que sobe
das palavras consonantes
das conversas únicas
e pessoais. tu. nós

vão já os tempos passados
me diziam era eu menino
que teria um grande futuro
brilhante à minha frente
quando o que mais queria
o que eu apenas pedia
era um presente uma luz
que me deixasse ler. hoje

quando o livro se fecha
ou se interrompe uma luz
cai-nos logo o mundo em cima
preso dos sonhos das folhas

I read as a boy...   João S Martins

crushed petals in
folds of the paper of letters
shadows of the next day
incredible between chapters

only a delicate and heartfelt gesture
will be able to reopen the book
of releasing the saddened dream
of giving meaning to the title alone
between love and rereading
the warmth of hands and words
of silence amending the future
these octaves for a date

> *there are many gestures in a book*
> *when the book follows time*

ink of letters is in me
all the time on the road
I will always have a thousand reasons
for the journey I traveled to
a thousand lands in voyages of color
heat and fragrance of worlds
beginning by the letter "a"
(angola america france)
and other love letters:
the land the world; and I returned
to myself.
one day paint in hand
with the sea in my gaze and all
in my heart I will continue the journey
I myself will be the journey!
in these colors of writing
a name a country

> *what have you done with the street you have created*
> *with it's living and dead inhabitants*

I wanted to do was self-re-order
how to explain the truth the lie

quando menino eu lia... João S Martins

pétalas esmagadas nas
dobras do papel das letras
sombras do dia seguinte
incível entre capítulos

só um gesto delicado e sentido
será capaz de reabrir o livro
soltar o sonho entristecido
dar sentido ao título só
entre o carinho e a releitura
o calor das mãos e das palavras
do silêncio a emendar o futuro
nestas oitavas para uma data

> *há muitos gestos num livro*
> *quando este acompanha o tempo*

tinta de letras há em mim
a toda a hora em viagem
terei sempre mil razões
para a viagem corri terras
mil em viagens de cor
calor e odor de mundos
começados por "a"
(angola américa frança)
e outras letras de amor:
a terra o mundo; e voltei
a mim.
um dia as tintas na mão
o mar no olhar a todos
no coração seguirei viagem
eu próprio serei viagem!
nestas cores d'escrever
um nome um país

> *que fizeste com a rua que criaste*
> *com os vivos e os mortos qua a habitam*

o que eu queria era fazer auto-re-vista
como explicar a verdade a mentira

I read as a boy...   João S Martins

the questions I would ask myself
answers leading to more questions
and the reasons why which themselves
will be demand and the first answer.

> *we're home*
> *from the first step onward home*

works and words of glass
I took everything in the barge
of life's dreams of cables and
hopes browsing the dirt of the earth
 word.
                that's it. when it comes
if I don't seize it
if I let it go without keeping it
soon it will be lost it or she or they
keep traveling and when they return
they are no longer the same
equal is
only the passion for them
(the words)
things of two loves

 back in time with no time
dreaming a dream without sleep
if I wake up at dawn
the root of thought
there will be still time
to listen to poetry
the letters written by us
the pages taken
                in the wind...

> *hear our prayer: give us*
> *this day our daily poem*
> *for ever and ever...*

they are passions and words
word draws word

quando menino eu lia...   João S Martins

as perguntas que faria a mim mesmo
respostas dando lugar a mais perguntas
e as razões os porquês que só por si
serão procura e a primeira resposta.

      estamos em casa
      a partir do primeiro passo para casa

trabalhos e palavras de vidro
tudo eu levava na barca
do sonho da vida dos cabos e das
esperanças navegando o chão da terra
 palavra.
              é isto. quando ela vem
se não a agarro logo
se a deixo passar sem que a guarde
logo ela se perde: ela ou elas
seguem viagem e quando voltam
já não são as mesmas (sê-lo-ão)
iguais igual
só a paixão por ela por elas
(as palavras)
coisas de dois amores

 de volta ao tempo sem tempo
sonhando um sonho sem sono
se acordar na madrugada
a raiz do pensamento
ainda iremos a tempo
de escutar a poesia
as cartas por nós escritas
nas folhas que vão
                no vento...

      escutai nossa oração: o poema
      nosso de cada dia nos dai
      hoje amanhã e sempre...

ele são paixões e palavras
palavra puxa palavra

I read as a boy...   João S Martins

a burning passion
the soul of another passion
for crosswords
in a passion for words
of crossed feelings
and squared passions
intersecting cross stitches
bridal handkerchiefs promises
words carried by the wind
crosses left by time
in the stitches of my hand.
still reading at eighty
every night rereading
and writing. conversations
of my time in school
reborn in the square
the words in drawings
of old comics
from then remained the passion
for words words

> *if not poem at least*
> *a book even small!*
> *if that is asking too much just a text*
> *a letter a sentence a line*
> *a well-written prayer!...*

> *or a thousand questions...*

what will it mean to destroy a tree
four thousand years old? thousands of books?
and if that tree is the oldest
living organism in the world?
how many more years will it take
to build a legacy?
how many books not printed
in a future made brief for lack
of the other young trees?
do they feel the absence of the shadow
of the vanished matriarch?

quando menino eu lia... João S Martins

uma paixão que incendeia
a alma doutra paixão
pelas palavras cruzadas
numa paixão de palavras
de sentimentos cruzados
e paixões quadriculares
cruzam-se pontos de cruz
lenços de noivos promessas
palavras que o vento leva
as cruzes que o tempo deixa
nos pontos da minha mão.
que aos oitenta ainda lia
todas as noites relia
e escrevia. as conversas
do tempo da minha escola
renasciam nos quadrados
das palavras dos desenhos
da banda quadriculada
de então ficou a paixão
pelas palavras palavras

> *se não for poema pelo menos*
> *um livro mesmo pequenino!*
> *se isso for pedir muito um texto*
> *uma carta uma frase uma linha*
> *uma oração bem escrita!...*

> *ou mil perguntas...*

o que será destruir uma árvore
de quatro mil anos? milhares de livros?
e se essa árvore for o ser vivo
mais antigo do mundo?
quantos anos mais levará
a construir a herança?
quantos livros não impressos
num fututo breve pela falta
das outras árvores jovens?
sentirão estas a ausência da sombra
da matriarca desaparecida?

I read as a boy...   João S Martins

what kind of motherlessness will insue?
and the mythical bird almost extinct
will only return in force
its natural habitat after
the old trees burn
a consuming fire caused
by man who saves the bird
burning the tree that will
burn the ecologist
        arsonist?

only the fire... only the wind... only one
firefighter did not survive.
new shoots are reborn
trees that are now home to
the endangered bird. two hundred.
was the world's population.
of the bird. of man. extinction.
trees young and old... dead.
how much is the life of a bird worth?
the life of a four thousand year old man?
two hundred trees? would the be worth the rescue
        of a bird
        the last living creature with two wings?
or the last bird-man
the last tree-woman...

      or the books reborn
      in the anguish of all birds

of pine trees in Leiria in the sand
of Coimbra's Liz of Amazonia
the jungle is the same watered
with the voice of sailors
guided in the ropes and masts
in the winds of ancient airships
mixture of blood and black gold
in the flying horses taking
hearts and messages. and in returning
bring nostalgia and letters...

quando menino eu lia... João S Martins

que orfandade dai resultará?
e o mítico pássaro em extinção
que só regressará em força
ao seu habital natural depois
de as árvores velhas arderem
num fogo consumidor provocado
pelo homem que salva a ave
queima a árvore que irá
queimar o incendiário
        ecologista?

só o fogo... só os ventos... só um
bombeiro não sobreviveu.
renascem rebentos jovens
árvores que abrigam agora
o pássaro em extinção. duzentos.
era a população mundial.
do pássaro. do homem. extinção.
das árvores jovens a velha... morta.
quanto vale a vida de um pássaro?
de um homem de quatro mil anos?
duzentas árvores? valeriam o socorro
        de um pássaro
             o último ser vivo de duas asas?
ou o último homem pássaro
a última árvore mulher...

        ou os livros renascidos
        na angústia de todas as aves

dos pinheiros de leiria nos areais
de coimbra do liz da amazónia
a selva é a mesma regada
com as falas dos marinheiros
guiada nas cordas dos mastros
nos ventos das passarolas
misto de sangue e ouro preto
nos cavalos voadores que levam
corações e mensagens. e no regresso
trazem saudades e cartas...

I read as a boy...   João S Martins

> *and if not well written*
> *at least be written*
> *written in Portuguese or another*
> *human language*
> *so that they can be read and heard*
> *by human mind and heart!...*

tell me at what time
may I wake you up
I am awake. by six
it is too early as seven will still be
or eight or in the evening.

> *late it becomes for dreams that will not stop*
> *the journey that the dream has not crossed*
> *beyond the unexpected clock*

> *e caso não sejam muito bem escritas*
> *pelo menos que seja escritas*
> *escritas em português ou noutra*
> *qualquer língua de humanos*
> *para que possam ser lidas e escutadas*
> *pela mente e coração dos humanos!...*

diz-me a que horas
posso acordar-te que eu
desperto estou. pelas seis
ainda é cedo tal como às sete
oito ou ao serão.

> *tarde se faz para os sonhos que não param*
> *a viagem que do sonho não passou*
> *mais além do imprevisto relógio*

4. test tube

on the boy's boyhood path
the great great journey is made

while waiting in the laboratory
sitting in the empty room is a lady
and I read "the walking man"
a short story following another story
coincidentally with a title
similar to my name...

in the waiting room the waiting
is for nothing more
than a voice speaking your name
because there are few who go there
with the high hopes the highest
are always left outside...

as the man walking in the book
I also walk and analyze
the last hours last
days and the more recent years
in a course contrary to the calendar
counterclockwise...

the door of despair re-
opens gradually letting in

4. tubo de ensaio

no caminho de menino menino
se faz grande grande o caminhar

enquanto espero no laboratório
na sala vazia sentada está uma senhora
e eu lendo "o homem que anda"
um conto que se segue a um outro conto
coincidentemente com um título
semelhante ao meu nome...

na sala de espera não há espera
de outra coisa que não seja
uma voz que fale um nome o nosso
porque poucos são os que ali vão
com muitas esperanças as maiores
ficam sempre lá fora...

como o homem que anda no livro
também eu caminho e analiso
as últimas horas últimos
dias e anos mais recentes
num percurso inverso do calendário
contrário aos ponteiros do relógio...

a porta das desesperanças re-
abre-se aos poucos deixando entrar

I read as a boy...

João S Martins

patients step by step disheartened
anxious and willing to be the subject
of clinical analysis and study by someone
whom can give them light

as in the pages of the story
here's a summation of moments
apparently logical or dispersed
mixed even contradictory
that may not even seem a total
of parcels under construction

where disparity marks the spot.
which may even have some consistency
(If you observe as the author does)
that these ups and downs and curves
become the lifeline defined
and planned and creative or unplanned

in the light of a conscience formed
with years and years of books
there are pages and pages short stories
shorter stories that one day
may become the unified reading
of a novel or a mystery

and even if they are not
as a very valid alternative
may just become what they started as
in the author's mind
small parts loose lines
of a lifetime's reading

pages torn or scratched
that tomorrow I or someone else
may recover others forgotten
(Here the analysis question
if on a voluntary basis) may
be the key to reading
a hastier flip through

quando menino eu lia...   João S Martins

os pacientes passo a passo abatidos
ansiosos dispostos a serem objecto
das análises e estudo de quem
lhes possa acender a luz

tal como nas páginas do conto
há aqui somatórios de instantes
aparentemente lógicos ou dispersos
salteados até contraditórios
que poderão nem parecer um total
de parcelas em construção

onde a disparidade marca lugar.
o que até poderá ter alguma coerência
(se atentarmos como o autor)
nesses altos e baixos e curvas
se faz a linha da vida definida
e prevista ou criativa e imprevista

à luz de uma consciência formada
em anos e anos de livros
há folhas e folhas contos curtos
pequenas histórias que um dia
poderão ser leitura unificada
de um romance ou de um mistério

e mesmo que o não sejam
como alternativa muito válida
poderão ser apenas o que começaram
por ser na mente do autor
pequenas peças linhas soltas
da leitura de uma vida

páginas rasgadas ou riscadas
que amanhã eu ou alguém
poderá recuperar outras esquecidas
(aqui a análise pergunta
se de forma voluntária) poderão
ser a chave da leitura
um folhear mais apressado

I read as a boy...   João S Martins

I admire the wealth of content
and description of full details
that the author with a master's pen
with flowing flavors visions pictures
of everything that comes with the persona
in the long journey which is also theirs

describes without stopping paths houses
attitudes performers costumes glances gazes
trees traffic pedestrians companion dogs
trains taxis and other passer-byes
on the opposite direction of a one-way street

    the ineffable sweet art of feeling

blood drawn did not hurt
in the outstretched arm that even before
tormented me.
diluted colors in the vase
may be desire disillusionment
doubt disappointment...
of rhyming hope
with "d" so many "d's"... one moment
probably beautiful diluted
in the gaze of stone faces

somehow I tried to mimic the author
while the images were now circulating
on the bare walls
of a color so sterile.
my characters my angels
and ghosts walked by them
tiptoeing for fear of contagion
not to contaminate the surface
or devices that would be used
to uncover cataloged diseases
in degrees of strange and inaccurate mathematics
    (so men are classified
    when the line is at risk)

quando menino eu lia...   João S Martins

admiro a riqueza de conteúdo
e a descrição plena de pormenores
do autor que com pena de mestre
vai discorrendo sabores visões retratos
de tudo o que acompanha a persona
na longa caminhada que também é sua

descreve sem parar caminhos casas
atitudes figurantes trajos terjeitos olhares
árvores trânsito peões cães de companhia
comboios taxis e outros andantes
em contramão

a inarrável doce arte de sentir

o sangue retirado não me doi
no braço estendido que já antes
me atormentava.
no vaso cores diluídas que
tanto podem ser de desejo desilusão
dúvida desapontamento...
como de esperança a rimar
com dê tantos dês...um momento
provavelmente belo diluído
nos olhares de rostos de pedra

de alguma forma tentei imitar o autor
enquanto as imagens circulavam
agora nas paredes nuas
de uma cor tão esterilizada.
as minhas personagens os meus anjos
e fantasmas caminhavam por elas
em bicos de pé por medo de contágio
para não contaminar a superfície
ou os aparelhos que iriam ser usados
para despiste de doenças catalogadas
em graus de estranha matemática inexacta
   (assim se classificam os homens
   quando a linha está em risco)

I read as a boy…   João S Martins

often between minimum
and maximum values allowed by doctors
researchers and technicians and without any
of them ever caring
to ask the subject
(will that subject be really interested to know
the truth?) whatever the result.

a round bellied lady entered
concerned about the sugar levels
albumin and other ins only conquered by
the expectant smile. here hope
is multiply represented.
what will the future offspring say
of the paraphernalia of instruments and
catalogs of names and numbers?
the old lady who came this time
without much hope such was the color
reflected on the face and so many
question marks in her eyes.
why make an appointment
if time is as short as the expectation?

two children who enter the room
rocked and asleep
breathe the tense air and cry
having no idea of what awaits them

I did not reopen the book. writing
in hallucinatory tone fearful of losing
access to the lines of whom maneuvers
the moments as if they were puppets:
you here she over there three quarters door
on the left liquid in the bottles
(vampiric remnants)

> can it be chemically and
> laboratory analyzed
> a yesterday the memory the memories
> or the map of tomorrow?

quando menino eu lia... João S Martins

quase sempre entre valores mínimos
e máximos permitidos por médicos
investigadores e técnicos e sem que qualquer
deles alguma vez se ter preocupado
em perguntar ao interessado no caso
(estará esse mesmo interessado em saber
a verdade?) qualquer que seja o resultado.

entrou uma senhora do ó redondo ventre
preocupada com os níveis de açúcar
albuminas e outras inas só vencidas pelo
sorriso expectante. aqui a esperança
está multiplamente representada.
que dirá o futuro rebento
de toda a parafrenália de instrumentos e
catálogo de nomes e números?
a velhinha que entrou desta vez
sem grande esperança tal a cor
reflectida no rosto e com tantos
pontos de interrogação no olhar.
para que reservar hora de atendimento
se o tempo é tão curto como a expectativa?

duas crianças que entram na sala
adormecidas e embaladas
respiram o ar tenso e choram
sem noção do que as espera

não reabri o livro. escrevia
em tom alucinante temeroso de perder
o acesso às linhas de quem manobra
os instantes como se de marionetes se tratasse:
tu aqui ela acolá quarto três porta
à esquerda líquidos nos frascos
(resquícios vampirescos)

    será possível química e
    laboratorialmente analisar
    o ontem a memória as memórias
    ou o mapa do amanhã?

I read as a boy...   João S Martins

      and this the ineffable art of feeling and forgetting...

this strange difficulty in understanding
these arts (medical and others related)
result of wounds and sensitivities
poems of a soul less clean

inner and outer insecurities
who left footprints
in dubious paths with questions
rising and often troubled

      the ineffable art of saying

                  the pains of others
will not always be the easiest
to uncover what the veils
hide on the faces of neighbors
"we know so well but..." .
may even be at our side or
in front of us or say good morning
or good afternoon or in the same room
waiting for those who wait
or the despair room for those who
do not believe no longer believe but wants
to believe that there will be a penultimate light

      (a voice that calls again and says
      to go now to room two
      door on the left and take a vial
      do what you have to do and return)

and will wait standing alone without time
without limit and without a book
without instructions speaking of pain
of those who feel it and those who cause it
of the aching pain and of the other kind
hurting even more

quando menino eu lia... João S Martins

e esta inarrável arte de sentir e esquecer...

esta estranha dificuldade em entender
estas artes (médicas e outras afins)
fruto de sensibilidades e feridas
poemas da alma menos limpa

interiores e anteriores inseguranças
que deixaram pegadas
em caminhos duvidosos pelas questões
que levantam e tantas vezes conturbam

a inarrável arte de dizer

                as dores dos outros
nem sempre serão as mais fáceis
de desvendar adivinhar o que os véus
escondem no rosto dos vizinhos
"que tão bem conhecíamos mas...".
até poderão estar ao nosso lado ou
à nossa frente ou dirão bom dia
ou boa tarde na mesma sala
de espera para quem espera
ou sala do desespero para quem
não acredita já não acredita mas quer
crer que haverá uma penúltima luz

    (uma voz que novamente chama e diz
    para se dirigir agora ao quarto dois
    porta à esquerda tome um frasco
    faça o que tem que fazer e regresse)

e espera sozinho em vão sem tempo
sem limite e sem um livro
sem instruções que falem da dor
de quem a sente de quem a provoca
da dor que doi e da outra
que doi ainda mais

I read as a boy...   João S Martins

the future may be the eternal carnival
when everything is finished on tuesday or
in compact five intense minutes
(if well lived why more than five?)

and this the ineffable art of feeling again...

looks intersect and fall silent
hands do not move they say nothing
or say the same words
unsaid and impossible
of a chemical or biological analysis
and hide next to the face
behind the collar of a jacket
of a newspaper's page or of dark
analysis thoughts in high
circulation velocity returning
to the walls and be confused with
neutral paint and disinfected environment
almost barren almost an assassin of ideas
and feelings. only the pain the
impalpable kind one does not feel because the blood
does not hurt. roughly at the same time
millions of blood cells run across
the usual channels of circulation at that same
time that the man who walks
walks lost in the forest of legs
bodies and dreams are drawn with a needle
and stored in small vials
with identifying labels and numbers
increasing the anonymity
so that today I am the next person
in line tomorrow I will be
the next number in line or
the line will cease to be to continue anew
with another case of much interest
favorite subject of statistics
a number more. and the book is next door

the ineffable art of narrating

quando menino eu lia...   João S Martins

o futuro poderá ser o eterno carnaval
quando tudo se acabar na terça feira ou
num compacto de cinco minutos intensos
(se bem vividos para quê mais de cinco?)

e esta inarrável arte de voltar a sentir...

os olhares cruzam-se e calam-se
as mãos não mexem nada dizem
ou dizem o mesmo que as palavras
que não saem nem são passíveis
de uma análise química ou biológica
e se escondem ao lado do rosto
por detrás de uma gola de casaco
de uma folha de jornal ou de uns óculos
escuros pensamentos em alta
velocidade de circulação que voltam
às paredes e se confundam com
a tinta neutra e o ambiente desinfectado
estéril quase assassino de ideias
e sentimentos. só a dor a outra
que não se sente porque o sangue
não doi. sensivelmente à mesma hora
em que milhões de glóbulos atravessam
os canais habituais de circulação a essa mesma
hora em que o homem que anda
anda perdido na floresta de pernas
corpos e sonhos aspirados por uma agulha
armazenados em pequenos frascos
com rótulos e números que identificam
aumentando o anonimato
de modo que hoje que sou o senhor
que se segue amanhã serei
o número que se segue ou já não
seguirá para de novo voltar a ser
mais um caso de muito interesse
objecto predilecto da estatística
um número mais. e o livro ali ao lado

a indisível arte de narrar

I read as a boy...   João S Martins

telling the trip or the flight
the pain... now my arm on your side hurts

>   *it hurts on the side of you*
>   *and I do not always know what*
>   *pain traversing trough me*
>   *to you without her waking*
>   *the pain walking in the night*
>   *pain of who forgets what it was*
>   *feeling pain and only waiting*
>   *for the day you will remember me*
>   *while I turn around and turn back*
>   *to lay on the loose side*
>   *I let the pain sleep*
>   *through the night and I do not forget*
>   *that adding love to the pain*
>   *waiting for daybreak*
>   *I might find in pain*
>   *a few moments of joy*

* * *

Let us now turn carefully
for the game of pawns (will not be
a game of buttons) as the positioning
of each piece on a board next to the king.
what does it matter my own place or better
said: what am I doing
besides casting questions
inside myself some outside
but nobody wants to listen.
I question the options starting with the
inglorious effort of wanting to change something
setting me on the verge of (possible)
madness of not understanding what is
so easy to perform (apparently)
and few are willing to change.

other times there will be
few reasons to celebrate

quando menino eu lia... João S Martins

contar a viagem ou a fuga
a dor... agora doi-me o braço do teu lado

> *doi-me do lado de ti*
> *e nem sempre sei qual é*
> *a dor que passa de mim*
> *para ti sem que ela acorde*
> *a dor que anda na noite*
> *de quem esquece o que era*
> *sentir dor e só espera*
> *que um dia me recordes*
> *enquanto me viro e volto*
> *a deitar para o lado solto*
> *deixo que a dor adormeça*
> *noite fora e eu não esqueça*
> *que juntando amor à dor*
> *à espera que seja dia*
> *talvez encontre na dor*
> *uns instantes de alegria*

* * *

viremo-nos agora com atenção
para o jogo dos peões (que não será
jogo de botões) tal o posicionamento
de cada peça num tabuleiro junto ao rei.
que importa o meu lugar ou melhor
direi: que ando a fazer
para além de lançar perguntas
para dentro de mim outras para fora
mas que ninguém quer escutar.
questiono as opções a começar pelo
esforço inglório de querer mudar algo
que me põe no caminho da (possível)
loucura de não entender o que é
tão simples de executar (aparentemente)
e poucos têm vontade de mudar.

noutras ocasiões não haverá
grandes razões para celebrar

I read as a boy...　　　　　　　　　　　　　　João S Martins

achievements much less goals...
and the constant desire of wanting to do
what one likes and simultaneously
allows this goal without jeopardizing
family commitments of affection
balance the needs
of survival and repeating frustration
while the hands... keep degrading
opening the prospect
of an uncertain tomorrow
constant discomfort and pain
anguish and dismay. conclusions
in analysis of another sort

to this we may also call pain
but will there be doctors or treatments
for such suffering?
pain management habituation
attempt to oblivion

that another possibility
back to the doctor
with or without an appointment
back to the world
journey among many
back to the writer of the script
to the doctor of the world

after these liquid analyses
biological psychological and related
I cannot resist the analysis of the word
the x-ray of the words in the book
in the books. ultrasound of thought
of author and reader. against the light
what skeleton will I find
echo of thinking or vertebrate
words roots of a boy

quando menino eu lia...   João S Martins

conquistas muito menos metas...
e o desejo constante de querer fazer
o que se gosta e que simultaneamente
permita tal objectivo sem por em causa
os compromissos familiares afectivos
equilíbrio das necessidades
de sobrevivência e repetente frustração
enquanto as mãos... se vão degradando
abrindo as perspectivas
de uma amanhã incerto
constante mal estar e sofrimento
angústia e desânimo. conclusões
de outro tipo de análises

a isto também poderemos chamar dor
mas haverá médicos ou tratamentos
para tal sofrimento?
gestão da dor habituação
tentativa de esquecimento

que outra possibilidade
voltar ao médico
com ou sem hora marcada
voltar ao mundo
viagem entre tantas
regresso ao escritor do guião
ao doutor do mundo

depois dastas análises líquidas
biológicas psíquicas e afins
não resisto à análise da palavra
à radiografias das palavras do livro
dos livros. ultra-som do pensamento
do autor e do leitor. à contraluz
que esqueleto encontrarei
eco de pensar ou vertebradas
palavras raízes de menino

5. the lines i knew

as a child I spoke and I already
knew some words some lines
even before I learned to speak even before
the syllables I used words of walking
words clinging to mother's skirts
to the legs of chairs to tables
on the lap of uncles the words I spoke
even without speaking. they gave me words
I kept talking in my pockets
they gave me sweets I ate
words candy I tasted
or kept and saved
to enjoy and use later.
if I had too much I would also offer
and exchange to multiply my treasure
of chocolate sweet words.
and my collection of delicacies
grew and I kept collecting and collecting
many stored words
came out of the pockets as toys
for my boy's games
with friends and neighbors on my street
where there were many unleashed words
belonging to everyone. and as with the cards
of soccer players and cyclists
we traded to increase our

5. as falas que eu sabia

quando menino falava e eram já
algumas as palavras as falas que sabia
ainda antes de saber falar antes ainda
das sílabas usava palavras de andar
palavras agarradas às saias da mãe
às cadeiras às pernas das mesas
ao colo dos tios palavras que dizia
mesmo sem falar. davam-me palavras
que guardava nos bolsos de falar
davam-me doces que eu comia
palavras rebuçados que saboreava
ou guarvada e poupava
para saborear e usar mais tarde.
se tinha demais também oferecia
e trocava para aumentar o meu tesouro
de chocolates palavras doces.
e a minha colecção de iguarias
cresceu e fui juntando e juntando
muitas palavras guardadas
saíam dos bolsos como brinquedos
para os meus jogos de menino
com os amigos e vizinhos da minha rua
onde havia muitas palavras soltas
que eram de todos. e como os cromos
dos jogadores de futebol e dos ciclistas
trocávamos para aumentar a nossa

I read as a boy...   João S Martins

collection of trading cards and words
and there were words for all
words by all for all
words with a future

some words (like cyclists
in the tours of my country) ran more than others
going around the village faster
then others they ran on wheels
and slid over the tongue and crossed
cities roads went up the mountain
and exceeded the goal of the ages.
many of the oldest
(even those that were not for boys
but of many centuries accumulated
in waters in the heavens and in the stories)
I kept many of these older ones
in a special bag where some
(still without a meaning I would understand
or I could use) I would keep
as seeds for a future.
with words of the future so I increased
a collection of some yellowed cards
I did not trade for anything and so
they grew momentarily forgotten

afraid of losing more words
I started to keep them in special boxes
made of a special paper with a coat
of protective paint and adding them all
in a new word: book. and the words
cyclists of old were now passing
by me running as in a track
some fleeing I could not even
see the name or number
on the jersey. Afraid
of incapacity to continue racing
for the words that were getting
behind leaving fragile marks
on the road where as boy

quando menino eu lia... João S Martins

caderneta colecção de cromos e palavras
e havia palavras para todos
palavras de todos para todos
palavras com um amanhã

algumas palavras (como os ciclistas
das voltas ao meu país) corriam mais que outras
davam volta à vila mais depressa
que outras corriam sobre rodas
e deslizavam pela língua e atravessavam
cidades estradas subiam à montanha
e ultrapassavam a meta das idades.
muitas das mais antigas
(mesmo as que nem de menino eram
mas de muitos séculos acumuladas
nas águas no céu e nas histórias)
muitas dessas mais antigas guardei
num saco especial onde algumas
(ainda sem significado que eu entendesse
que eu não sabia usar) quis guardar
como sementes para um futuro.
com palavras de futuro assim aumentei
a colecção de alguns cromos mais amarelados
que não troquei nem por nada e por aí
foram ficando momentaneamente esquecidos

com medo de perder mais palavras
comecei a guardá-las em caixas especiais
de um papel especial revestindo-as
de uma tinta protectora e juntando-as todas
numa palavra nova: livro. e as palavras
ciclistas de antigamente passavam agora
por mim a correr como numa pista
algumas em fuga nem tinha tempo
de lhes ver o nome ou o número
da camisola. assustava-me
o não poder continuar a corrida
das palavras que começavam a ficar
para trás e a deixar marcas frágeis
na estrada onde em menino

I read as a boy...   João S Martins

I cheered the runners and knew
the cycling teams the coaches the teachers.

what does it matter if they say in words
how many words I use
graphs of word usage
have ascending lines and curves
from boyhood to maturity
and then show less use
that some attribute to age
others to old age or illness...

the aromas of chocolate words
cross the hours of the day
of a boy and of the night of pleasant
words that remain
reborn recreate reinvent
cross eras constellations and ages
the years the stories the tales
the poems the essays the novels
the thoughts the visions the lines...
traverse and share
mouths glances brains hands
declarations of love hate wars
quarrels promises speeches
prayers and supplications.
the words of old
choose friends among themselves
speak new words and fall in love
generate new word-children
in timid baby babbling
invented through gestures and bodies
just because they love each other and feel good.

> *words do not age*
> *we and the feelings do*

what future for so many words? when
we mix words and lines and memories
where are the words what happened to the words

quando menino eu lia... João S Martins

aplaudia os corredores e conhecia
ciclistas equipas treinadores professores.

que importa que digam por palavras
quantas palavras eu uso
é que os gráficos de uso das palavras
têm linhas e curvaturas acendentes
desde menino à maturidade
para depois revelarem menor uso
que alguns atribuem à idade
outros à velhice ou à doença...

os aromas das palavras chocolate
atravessam as horas do dia
de menino e da noite das palavras
saborosas que permanecem
renascem recriam reinventam
cruzam eras astros e idades
os anos as histórias os contos
os poemas os ensaios os romances
os pensamentos as visões as falas...
atravessam e partilham
bocas olhares cérebros mãos
declarações de amor ódio guerras
zangas promessas discursos
orações e súplicas.
as palavras de antigamente
escolhem amigos e amigas entre si
falam novas palavras e apaixonam-se
geram novas palavras crianças
com tímidos balbúcios de bebé
que as inventam por entre gestos e corpos
só porque se amam e se sentem bem.

as palavras não envelhecem
os sentimentos e nós sim

que futuro para tantas palavras? quando
misturamos palavras e falas e memórias
por onde andam que é feito das palavras

I read as a boy...　　　　　　　　　　　　　　　　João S Martins

of the boy's speech (?)

> *boy's words are worth little*
> *but he who despises them is mad!*

I see myself in the photos more
even in the words in the letters sources
constant true loyal
even foreign words
which are not just ones from other languages ...

> *by the river*
> *of another babylon*

sitting on a rock I gazed at the flowing waters
and when least expected saw
poems being born on the banks of rivers.
it is on the rivers that poems sail
gathered on the banks many
poems in the banks of water soaking
and generating poems and contained rivers
on the margins invaded poems.
in fields where they grow and poems
are harvested the heart overflows
on the banks and on the foam of the rivers
and the poems ripe fruit
follow the water flow to the sea
farther and further up to life.
in the mating season the fish-poems
swim rise to the riverhead and multiply
the fecund verses of life
and make the net connecting the river
from the riverhead to the sea to the banks.
in the lines in the mesh in the knots
of letters in boat-words weaver
of needle pen made mast
cycle of apprentice sailor
born in the lush banks
where flowers and grass grew
and verses and the river bank where

quando menino eu lia...   João S Martins

das falas de menino (?)

> *palavras de menino são pouco*
> *mas quem as despreza é louco!*

revejo-me nas fotografias mais
ainda nas palavras nas cartas fontes
constantes autênticas fiéis
mesmo as palavras estrangeiras
que não são apenas as de outras línguas...

> *nas margens do rio*
> *de outra babilónia*

sentado numa pedra via águas correntes
e quando menos esperava via
nascer poemas nas margens dos rios.
é nos rios que navegam os poemas
colhidos nas margens tantos
poemas à margem da água que rega
e gera poemas e rios contidos
nas margens poemas invadidos.
nos campos onde crescem e se colhem
os poemas o coração transborda
para as margens e a espuma dos rios
e os poemas frutos maduros
seguem o caudal da água até ao mar
até mais longe até à vida.
na época fértil os poemas-peixes
sobem à nascente e multiplicam
os versos fecundados de vida
e fazem a rede que liga o rio
da nascente ao mar às margens.
nas linhas nas malhas nos nós
das letras em palavras-barco tecelão
de agulha caneta feita mastro
ciclo de marinheiro aprendiz
nascido nas margens viçosas
onde cresciam ervas flores
e versos e à beira-rio onde

I read as a boy...　　　　　　　　　　　　João S Martins

violets grew longitudinally

>   *every morning in the news*

after all the person who writes
is as equal as I am
suffers from the same miseries
and passions as others.
myths are created and collapse
with the alleged naivete
of facing dream or desire
things to tidy up the day
tidy up memory
tidy up ideas and life

>   *Today I sat down to tidy up the books*
>   *when will it come the time*
>   *for them to make me tidy*

and immediately writing
twin sister of reading
used the same tricks
suffers from the same ills
one helping the other
to fill empty seats and benches
and stretch the string of puppets
transformed by hands
prolonged at the tip of a pencil
pen pencil or brush
used to assess sensitivities
of hot and cold
vital impressions for eternity
("ad aeternum")
words are grooves
running on x-rays of the skin
and telling stories
making story maps...
and knowing how to read them?

    I can not run the risk of losing you

quando menino eu lia...　　　　　　　　　　João S Martins

cresciam violetas ao comprido

todas as manhãs nas notícias

afinal aquele que escreve
é tão igual quanto eu
sofre das mesmas misérias
e paixões como os demais.
criam-se e abatem-se os mitos
com a pretensa ingenuidade
de encarar o sonho ou o desejo
coisas de arrumar o dia
arrumar a memória
arrumar as ideias e a vida

hoje sentei-me para arrumar os livros
para quando o tempo
de por eles ser arrumado

e de imediato a escrita
irmã gémea da leitura
utilizou os mesmos truques
sofre das mesmas mazelas
uma à outra se ajudam
a ocupar cadeiras e bancos vazios
e esticam a corda das marionetas
transformadas por mãos
prolongadas na ponta de um lápis
caneta ou pena pincel
que aferem sensibilidades
de quente e frio
impressões vitais para a eternidade
("ad aeternum")
palavras são sulcos que
correm na radiografia da pele
e contam histórias
fazem histórias mapas...
e saber lê-los?

　　não posso correr o risco de perder-te

I read as a boy...
João S Martins

because of bad memory distracting amnesia
when everything turns white gray black
in the spontaneity of panic
incredulity of loss be it
temporary or mere lapse

every morning the news
and the despair of losing them

every morning really
and not only almost all mornings
really every morning when
not every dawn
or even earlier many nights:
the news bubbled on the fingers
mystery wonder of who has
the world at their fingertips
and within eyes' reach. were not only the news
entering through his window or door
within a few pages or screen
it was as if he entered the
news and suddenly
become part of them
without becoming himself news
to which he also aspired
but it was a symbiosis
at the fingertips almost
an illness or addiction
damn drug they said.
before feeding the body
before taking medication
promising to make his life
smoother less painful.
less experienced? that he refused
so violent as
he aspired to a life lived in these thousands
of words and images reached by
the fingers. allegiance of clock
and imperious necessity.
the news could of illusion

quando menino eu lia... João S Martins

    por distracção amnésia má lembrança
    quando tudo fica branco cinza negro
    na expontaneidade do pânico
    incredulidade da perca seja ela
    temporária ou simples lapso

        todas as manhãs as notícias
        e o desespero de as perder

todas as manhas verdade
e não era apenas quase todas
mesmo todas as manhãs quando
não era todas as madrugadas
ou mesmo antes muitas noites:
as notícias borbulhavam nos dedos
mistério maravilha de quem tem
o mundo ao alcance da mão
e do olhar. não eram só as notícias
a entrar-lhe pela janela ou porta
dentro de umas folhas ou ecran
era como se ele entrasse pelas
notícias dentro e de repente
passasse a fazer parte delas
sem ele próprio ser notícia
ao que também aspirava
mas era uma simbiose
na ponta dos dedos quase
uma doença ou dependência
raio de droga diziam.
antes de alimentar o corpo
de tomar consumir os medicamentos
que prometiam fazer-lhe a vida
mais suave menos dolorosa.
menos sentida? isso ele recusava
de forma tão violenta como
aspirava a vida vivida nesses milhares
de palavras e imagens que os dedos
alcançavam. fidelidade de relógio
e necessidade imperiosa.
podiam ser de ilusão as notícias

I read as a boy…   João S Martins

not the words
sad and gloomy images
            not the color
of the crossing hope
it was his daily cup of life
that allowed him to be on alert
washing the tongue of flavors
refreshing shaking stretching muscles
and swinging to the side of the lassitude
of lethargy to the side of the light
that initially dazzled the gaze
just to brighten the prospect.
routine need pleasure
action of many names and virtues
a new day new idea of the future
now opening. because that which we call
future is not always new
but he wanted it again
wanted a future yet to conquer
supported in path-words
illuminated by the news
and memories

> *as a boy I was happy*
> *with a boy's simple things*

like all boys of my childhood
even without knowing what happiness
would bring about change or take away
(and hence also absence
unhappiness) and develop the smiles
mixed with questions and looks
and flavors that would change the time change me
to the tastes and pleasures of tomorrow
and to the small pleasures of a boy back then
tailor-made to my boy's glance

and from pleasure to pleasure I went on changing
until resting on other pleasures
most of all…

quando menino eu lia... João S Martins

que não as palavras
tristes e soturnas imagens
        que não a cor
da esperança que as atravessava
era a sua taça diária de vida
que permitia estar em alerta
lavar a língua de sabores
refrescar agitar esticar músculos
e balançar do lado da morrinha
do adormecimento para o lado da luz
que inicialmente ofuscava o olhar
para logo clarear a perspectiva.
rotina necessidade prazer
acção de muitos nomes e virtudes
um novo dia nova ideia de futuro
se abria. porque isto a que chamamos
de futuro nem sempre é novo
mas ele queria-o novo
queria-o futuro por vencer
amparado nas palavras caminho
iluminado pelas notícias
e memórias

> *quando menino era feliz*
> *com coisas simples de menino*

como todos os meninos da minha infância
ainda sem saber o que a felicidade
iria trazer mudar ou levar
(e com ela também a ausência
a infelicidade) e desenvolver os sorrisos
misturados com olhares interrogações e
sabores que o tempo faria mudar mudar-me
a mim aos sabores e prazeres do amanhã
e aos pequenos prazeres de menino de então
à medida do meu olhar de menino

e de prazer em prazer me fui mudando
até assentar noutros prazeres
mais que tudo...

I read as a boy...   João S Martins

> *when I was a boy...*
> *is not only longing*

is to collect on the palms of the hand
the things of those days
large and small
the big ones that did not fit
in full and the obligation
of thinking of others even bigger like
the money that did not fit in the mind
or the little things like pebbles
that for being really small
collected pebble over pebble
and the same dreams of a boy
as it was before
with them building giant dreams

longing longing was then really
longing to be a grownup. and in the words

> *who knows where there is something*
> *incredible waiting to be known*

maybe a book and when the time comes
when a book is
      closer than a person
(people are not always there
where we expect or want them)
close inside of us
close of the inside of it we enter
close to those who inhabit it moving
from their house to live within us
close to all that is incredible
within it and is waiting to be
known invented reborn
within a book closer
to us with people
in the exact instant of feeling
the instant within that instant

quando eu era menino...
não é saudade apenas

é recolher nas palmas da mão
as coisas de então
as grandes e as pequenas
as grandes que nelas não cabiam
todas por inteiro e a obrigação
de pensar noutras maiores como
o dinheiro que não cabia na mente
ou nas coisas pequenas quais pedrinhas
que por serem mesmo pequeninas
juntava pedra sobre pedra
e nos mesmos sonhos de menino
como já acontecia antes de
com elas construir sonhos gigantes

saudada saudade então era mesmo
a saudade de ser grande. e nas palavras

sabe-se lá onde há algo
incrível à espera de ser conhecido

talvez um livro e quando chega o dia
em que um livro está
      mais perto que uma pessoa
(que as pessoas nem sempre estão aí
onde as esperamos as queremos)
perto por dentro de nós
perto por dentro dele onde entramos
perto de quem o habita e logo muda
de casa para viver dentro de nós
perto de tudo quanto de incrível
dentro dele e está à espera de ser
conhecido inventado renascido
dentro de um livro mais perto
de nós com pessoas
no instante exacto de sentir
o instante dentro desse instante

I read as a boy…   João S Martins

that fades into another and incorporates
onto who wrote it or read it

>   in the field the wind blows free
>   the words
>   the wind blows stronger at the crossroads
>   of the cities

as a boy between earth and clouds

boy I read and had not yet felt
this degladiation of opposites
wanting to walk a lot in dreams
felling the the legs weighted by the boots
sometimes keeping
my feet firmly on the ground
or loosening the laces
tying my shoes
and my body would flee up high
like a hot air balloon
breathing heights
and pushing me in a vertical rise
almost compressing strange diaphragm
in the press of the cloud tops
over the muddy reality
down bellow. after all the balloon was
never completely separated
from the stones on the ground to which it was
tied with conducting wires allowing
the current flow in both directions
between the two poles freedom jail
land and ceiling waters clouds
heaven and hell. halfway
electrical discharges words thunder
exploding in flashes
of madness and brilliant clarity
degladiation conflict and ignition
suspended in the abstract air.

I want or do not want to write

quando menino eu lia... João S Martins

que se esvai num outro e se incorpora
em quem o escreveu ou o lê

   no campo o vento sopra livres
         as palavras
     o vento sopra mais forte nas encruzilhadas
        das cidades

quando menino entre terra e nuvens

menino eu lia e ainda não sentia
esta degladiação dos contrários
querer caminhar muito nos sonhos
sentia as pernas presas ao peso das botas
que ora me mantinham
com os pés bem assapados no chão
como logo me soltavam os cordeis
que me atavam os sapatos
e o corpo me fugia para o alto
era como um balão de ar quente
que respirava alturas
e me empurrava na vertical ascendente
quase comprimido estranho diafragma
na prensa do tecto de nuvens
por cima da realidade barrenta
lá de baixo. afinal nunca o balão
terá estado completamente separado
das pedras do chão às quais estava
preso por fios condutores que permitiam
a circulação da corrente em dois sentidos
entre os dois polos prisão livre
terra e tecto águas nuvens
inferno e céu. a meio do caminho
descargas eléctricas palavras trovões
explodiam em clarões
de loucura e brilhante lucidez
degladiação conflito e ignição
suspensa no ar abstracto.

quero ou não quero escrevo

I read as a boy…   João S Martins

or not. there are strings stretching
elastically without disconnecting
or losing contact.
to read not or to write or not
read you wake up or wake you
are mirrors of the same struggle
faces of possible generation
desiring gestation.

I do not use too much light to write you
nor too many pencils to conceive you
or to describe you between the definition
or the blurred. almost
immediately your image
my vision my blurred lens
foggy even doubting
sharpness lacking in my writing
anxious thoughts galloping
insecure of this transparent whirlwind
for so many scribbles dated
subjected to the deciphering of time
if ever revisited.

as a boy I read sentences
that only I wrote on the black
board in the school at the top
of my street when the teacher
was distracted or I myself was distracted
from conversations and subject and I
just drew lines and letters
white words and sentences on the black
background of the school walls
my inner room. and wrote: I will
grow up and use big boy words
of man with man's speech coming
out of my mouth of my lips tomorrow
parted in the middle of the jungle
of my grown man beard.
and the dreams of back then will follow
the words will be dreams of a man

quando menino eu lia...   João S Martins

ou não. há cordas que esticam
elasticamente sem desligar
nem perder contactos.
escrever ou não ler ou não
ler-te acordar ou despertar-te
são espelhos da mesma luta
faces de possível geração
desejosa gestação.

não uso muita luz para escrever-te
nem muito lápis para conceber-te
ou descrever-te entre a definição
ou o embaciado. quase
de imediato a tua imagem
a minha visão a minha lente turva
e desfocada que chega a duvidar
da nitidez ausente da minha escrita
pensamentos a galope ansiosos
e inseguro deste turbilhão transparente
para tantos garatujos datados
sujeitos à decifração do tempo
se algum dia revisitados.

quando menino eu lia frases
que só eu escrevia no quadro
de fundo negro da escola ao cimo
da minha rua quando a professora
se distraía ou eu mesmo distraído
das conversas e dos assuntos e eu
apenas eu desenhava riscos e letras
palavras e frases brancas no fundo
negro das paredes da escola
minha sala interior. e escrevia: irei
crescer e usar palavras de menino crescido
de homem com falas de homem saídas
da minha boca dos meus lábios amanhã
entreabertos no meio da selva
da minha barba de homem crescido.
e os sonhos de então acompanharão
as palavras serão sonhos de homem

I read as a boy...
João S Martins

that will not deny the rhymes of the old
sounds of a boy. and I will say (he will say say)
big deep words with the deep
voice given by the age and the path from boy
to men had given him. changed the voice
the images the words the stripped
dreams and images.
seemed precocious in the use of the pencil
the pen and the stick of white chalk
with which I drew roads
possible scenarios for dreams
on the blackboard. and wrote
clearing described other dreams
with a piece of wet cloth.
he would lose track of them in white
dragged across a black background
like cotton clouds transparent
tracks in the blue vault that covered
the mountains that roundly
contained encircled and embraced
dreams and journeys and the tenuous trace
of the travelers. it was a ribbon
or a string that kept connection to the balloon
holding the paper and packaging
wrapping dreams not yet broken
the drawings the words the propulsions
of the gift that was offered
the life of a childhood anguishing
to grow to the height of men
walking along the same streets
of my life. so while
the boy's books with words
and eyes of a boy were written
with words that grew beside
the words of grown-ups
the same way my body grew
and in extraterrestrial trips
crossed the sound barrier
on the blackboard of slate "of stone"
writing each time the white dust

quando menino eu lia... João S Martins

que não recusará as rimas dos sons
antigos de menino. e direi (ele dirá)
palavras grandes graves como a voz
grave que a idade e o caminho de menino
para homem lhe dera. mudada a voz
as imagens as palavras os sonhos
despidos eles e as imagens.
parecia precoce no uso do lápis
da pena do pau de giz branco
com que desenhava estradas
para os sonhos cenários possíveis
no quadro de lousa. e escrevia
limpando outros sonhos descritos
com um pedaço de pano molhado.
perdia-lhes o rasto de um branco
arrastado sobre o negro fundo
como nuvens de algodão transparente
rastos na abóbada azul que cobria
as montanhas que redondamente
continham abarcavam e abraçavam
os sonhos as viagens e o rasto ténue
dos caminhantes. era a fita
ou cordel que mantinha ligado o balão
que segurava a embalagem e o papel
de embrulhar os sonhos ainda não desfeitos
as palavras os desenhos as propulsões
da prenda que fora oferecida
a vida de uma infância em ânsias
de crescer à altura dos homens
que ao lado caminhavam nas mesmas ruas
da minha vida. assim ao mesmo tempo
que os livros de menino com palavras
e olhos de menino se escreviam
com palavras que cresciam ao lado
das palavras dos mais crescidos
tal como o meu corpo crescia
e em viagens extraterrestres
cruzavam as barreiras do som
do quadro negro de lousa "de pedra"
de escrever cada vez que o pó branco

I read as a boy... João S Martins

of the white chalk was volatilized into the air.
and if the door was opened it would flee and rise up...

    as I was a boy my dreams would say

the dream is alive. is alive. I am
dormant and this wakefulness is sometimes painful
sometimes alluring. I wanted to awake from the dream
and do its will at the height of excitement
or death-rattle: it's time
to die to leave the circle
it's time to create and bring to light
words enclosed in limbo
to awaken them in the mystery.
and not always the dream gods
satisfy my desire.

    as a boy I would dream at 100 miles an hour

on one side and the other run
fast cars and I was in the middle lane.
they run faster then me
and the speedometer showed one hundred miles an hour.
even faster my thoughts replied
impossible it was not to be believed:
will it be madness what is happening
next to me. I did not understand that neither I
nor my fellow travelers
rode in excess speed. really excess
but of paralysis was the speedometer
indicating this gap between
the actual speed and speed read
on a damaged panel. how to control
the uncontrolled I asked again
through the chords of the minimalistic
music rhythmically doubling the sounds
accompanying the repetition
engine noise and activity
and the friction of the tires over the rough pavement.

do giz branco evolava no ar.
e se a porta se abria fugia e subia...

como eu menino os sonhos me diziam

o sonho é vivo. está vivo. dormente
estou eu e esse acordar ora é penoso
ora alicia. quisera despertar do sonho
e fazer-lhe a vontade no auge da excitação
ou no estertor: está na hora
de morrer de abandonar o círculo
é hora de criar e trazer à luz
as palavras encerradas no limbo
no mistério despertá-las a elas.
e nem sempre os deuses do sonho
correspondem ao meu desejo.

quando menino sonhava a 100 à hora

de um lado e do outro passavam
velozes os carros e eu na faixa do meio.
passavam mais velozes que eu
e o contador marcava cem à hora.
impossível respondeu ainda mais veloz
o meu pensamento que não acreditava:
será loucura o que se passa
ao meu lado. não entendi que nem eu
nem os companheiros de estrada
seguíamos em excessos. excesso mesmo
mas de paralização era o do ponteiro
que indicava este desfasamento entre
a velocidade real e a velocidade lida
num painel avariado. como controlar
o descontrolado perguntei novamente
por entre os acordes da minimalista
música que ritmadamente duplicava os sons
acompanhando a repetição dos
barulhos da actividade do motor e
da fricção dos pneus no pavimento rugoso.

I read as a boy…　　　　　　　　　　　　João S Martins

Pace repeated duplication rough
without excess except the speedy
repetition. the speed reading
and its subjectivity misrepresented
when objectively was only going
within the legal limits allowed
by common sense and desire to speed up
life the perception the definition
of road - speed and capacity
for locomotion my car and mine.
tomorrow will ask the mechanic.
and the ophthalmologist. the psychiatrist?

then as a boy

… dreamed of being a carpenter of words
polished feelings at that time
when I learned hands on matter
and was hardly more than an apprentice
of and handler of boards and tools
carpenter of so-called rough carpentry
because of imperfection and mistreatment
by materials tools and hands
I wanted to learn to to caress
words flat surfaces feel
 the wrinkles the thorns and the embedded nails.
and I learned to polish thoughts and feelings
assent and stroke thoughts in other textures

maybe I would have liked if I had been a carpenter
of other articles tables chairs
furniture beds braziers to warm up
chests to store other values.
I dreamed that old pleasure of cutting
and drawing shapes and hands… (here they are again)
that would caress me that I would make
polished and colorful as the words
that I would cut out and recut in two
and would paste join and gave
directions new possible directions

rugosa duplicação ritmo repetido
sem excesso excepto o da repetição
veloz. a leitura da velocidade
e o seu carácter subjectivo deturpado
quando objectivamente apenas rodava
dentro dos legais limites permitidos
pelo bom senso e vontade de acelerar
a vida a percepção a definiçao
de estrada - velocidade e capacidade
de locomoção minha e do meu carro.
amanhã consultarei o mecânico.
e o oftalmologista. o psiquiatra?

quando menino então

... sonhava de ser carpinteiro de palavras
polidos sentimentos nesse tempo
em que aprendia mãos na matéria
e pouco mais era que aprendiz
de manuseador de tábuas e ferramentas
carpinteiro de toscos assim chamado
pela imperfeição e mau trato
de matérias ferramentas e das mãos.
queria aprender a afagar
palavras superfícies planas sentir
 as rugas e espinhos os pregos encravados.
e aprendi a polir pensamentos sentimentos
asentir e afagar pensando em outras texturas

talvez gostasse de ter sido carpinteiro
de outros artefactos mesas cadeiras
móveis camas braseiras de aquecer
arcas de guardar outros valores.
sonhei esse gosto antigo de recortar
e desenhar figuras e mãos... (elas outra vez)
que me acariciassem que eu faria
polidas e coloridas tal como as palavras
que recortava cortava em duas
e colava juntava e dava
sentidos novos sentidos possíveis

I read as a boy... João S Martins

with the same dexterity
my father used the planer
or sandpaper to make them more beautiful
boards tables hands words

I would like to have the gift of artisans
carpenter tailor painter
of wood cloth paper
which so far are made
almost entirely of words
those you give me
the ones I caress lullingly and sew
once again smooth and shiny
shed and return.

> *wanted to be wood*
> *paint stroke cloth and sound*

quando menino eu lia...   João S Martins

com a mesma destreza
com que meu pai usava a plaina
ou a lixa para as tornar mais belas
tábuas mesas mãos palavras

gostaria de ter o dom dos artesões
carpinteiro costureiro pintor
de madeira panos papéis
que por enquanto são feitos
quase somente de palavras
as que tu me dás
as que eu embalo acaricio costuro e
uma vez mais lisas e brilhantes
verto e devolvo.

quisera ser madeira
tinta risco pano e som

6. city place of you

"Somewhere something incredible
is waiting to be known."
Carl Sagan

and I would leave you notes letters books
invented mirrors scattered
here and there with reflections
for you to read to read them
to read me in what I had not yet written
the unthinkable lines I did not speak
but waited for your eyes to drink
for you to hearken the voices. and you said:
on the spines of books from the shelves
of my mind that I recognize
by volume inward
I will find many titles the ones I have read
those I have not yet read those I will never read.
I do not know if anyone told me so I arranged
the books in my head as
in a library shelf and I say
those I wrote those I will write
those I will never write by decision
blind zeal or immemory.

I left you exactly
              (on the same page or some other)

6. cidade lugar do tu

> *"Somewhere something incredible
> is waiting to be known."*
> Carl Sagan

e deixava-te bilhetes cartas livros
inventados espelhos espalhados
aqui e além com reflexos
para que lesses os lesses
me lesses no que ainda não escrevera
as falas impensadas que não falava
mas esperava que os teus olhos bebessem
ouvisses as vozes. e dizia-te:
nas lombadas dos livros das estantes
de minha mente que reconheço
pelo volume pelo interior
encontrarei muitos títulos os que li
os que ainda não li os que nunca lerei.
não sei se alguém mo disse assim arrumei
os livros na minha cabeça tal como
numa estante de biblioteca e eu digo
os que escrevi os que vou escrever
os que nunca escreverei por decisão
cega paixão ou imemória.

deixei-te exactamente
        (na mesma página ou numa outra)

I read as a boy...　　　　　　　　　　　　　　　　João S Martins

where you were yesterday or where I kept you
after so many leaps and surprises
curves straight lines and chapters
paragraphs of a lifetime
accelerated will to say to myself
even if others could see themselves
in the lines in the images described
be it clear or not written
and cursory readings
of impulse or impatience.

I found you again at the place
where the place was expecting you.
you might have changed your resting place
even so I looked the same and you
to me looked the same or might you be
embedded in these change of colors
of an expected late afternoon
with some mist sunshine exchanged
gazes slowly hidden
among the golden and shadows of sunset
you were the same certainty
that only you mayest confirm
I am the same the letters and the books.

> *it does not to deceive the book I had given you*
> *upon returning from boyhood*
> *it was the time the calendar*

as a boy I read the reality
differently and in the approach to reality
I descended on a day of heroes of sun and sea
in the sixth month gray houses
other colors I did not know
in these lands for as much green I used to paint
hope and dust has not yet settled down
mixed with the sweat of the novelty
that underfoot grew different.
I walked down the street of neutral houses
the sun the shades were changing the sounds

onde ontem ficaras ou eu te guardara
depois de tantos saltos sobressaltos
curvas rectas linhas e capítulos
parágrafos de uma vida
acelerada vontade de dizer para mim
mesmo que outros pudessem se rever
nas linhas nas imagens descritas
fossem claras ou não as escritas
e as leituras apressadas
diagonais de impulso ou sofreguidão.

voltei a encontrar-te no sítio
onde o lugar te esperava.
terias mudado de poiso
ainda assim parecia o mesmo e tu
parecias-me na mesma ou estarias
nessa mudança embebida das cores
de um fim de tarde anunciado
de alguma neblina raios de sol olhares
cruzados que lentamente se escondiam
entre os dourados e as sombras do poente
eras a mesma a certeza
que só tu poderás confirmar
sou o mesmo as cartas e os livros.

> *não engana o livro que te dera*
> *no regresso dos tempos de menino*
> *era a hora o calendário*

quando menino eu lia a realidade
diferente e na aproximação à realidade
desci num dia de heróis de sol e mar
no sexto mês casas cinzentas
outras cores eu não conhecia
nessas terras por muito verde que pintasse
a esperança não assentara ainda o pó
amassado com suores da novidade
que aos pés crescia diferente.
desci a rua das casas neutras
o sol os tons iam mudando os sons

I read as a boy…   João S Martins

and the soul. were still the same
the familiar faces of my people
and some smiles and the smells sardines
the obrigado heard on every corner
of a street named after a country
left beyond the river and the clouds.
I flowed into the unknown infinite.
surprise answers questions.
and vastness of a dream
sold on sale

        only believes who wants to
        who want to believe and does
        everything fast everything
                (almost)
    at hand.
prolonging the promised abundance
roads open wide many avenues
entangled while
enlarging the vision
it would be the same… today still
I do not understand why this painting
revisited in each come and go
in each re-come and go.
this city is unique. people
with a face body and legs
and moving or not depending
on legs the body and the head
of those who inhabit govern and build
and so this city is different from other city
because the heart that beats within it is
different from the heart of other cities
and the languages are also different
different the words that however
are the same in the mind
of the people who work
and use metaphors

stop.
        cried the birds

quando menino eu lia... João S Martins

e a alma. eram ainda as mesmas
as feições familiares do meu povo
e alguns sorrisos os cheiros as sardinhas
o obrigado que se ouvia em cada esquina
de uma rua com nome de país
deixado para lá do rio e das nuvens.
desaguei no infinito ignoto.
surpresa perguntas respostas.
e imensidão de um sonho
vendido em saldo

      só acredita quem quer
      quem deseja acredita e faz
      tudo rápido tudo
        (quase)
      ao alcance da mão.
prolongando a abundância prometida
estradas largas muitas vias abertas
que enleavam ao mesmo tempo
que alargavam a visão
seria mesmo... ainda hoje
não entendo o porquê desta pintura
revisitada em cada vai-vem
em cada re-vai e vem.
esta cidade é única. pessoas
com um rosto corpo e pernas
e anda ou não anda depende
das pernas corpo e cabeça
dos que as habitam regem e constroem
e por isso esta cidade é diferente de outra cidade
porque o coração que nela bate é
diferente do de outras cidades
e as línguas também são diferentes
diferentes as palavras que no entanto
são as mesmas nas cabeças
das pessoas que as trabalham
e usam em metáforas

pára.
      gritavam os pássaros

I read as a boy...   João S Martins

I run faster as if no one
listened or payed attention.
I hide myself in these pages that
disturb the fluent tranquility
of old words in self storage
dizzy from so many turns.

a warning was sounded:
            stop stop.
                        motionless I behold
the empty front of the forehead. the hands
refuse to stop and process
words and signs without stopping.
who brought them here to this point
even if they are deleted
can not collect them or kill them
in the ears of others. for they already belong
to those I see outside the window.

   between boy and grown up I was a gypsy

I became a gypsy from land to land
many where I created other roots
I passed through forever
temporary trip there
and here I stay but there I was already staying
in these strange things that time has
sown hours and steps. until
I arrived here I sat down and
settled a temporary tent in transitory time
in this memory which is root
of when I grow up and then
read this prose of a boy.

I jumped from ideas and books
from story to story
from tale to tale. and I tell:
today I am here later I will jump
from land to land. as usual
I learned and read letters and things

corro mais depressa como se ninguém
escutasse ou prestasse atenção.
esconde-me essas folhas que
perturbam a tranquilidade fluente
das palavras antigas em auto arrumação
tontas de tantas voltas.

um alerta soou:
      pára pára.
           imóvel contemplo
a fronte frente vazia. as mãos
recusam parar e processam
palavras e signos sem parar.
quem as trouxe aqui a este ponto
mesmo que as apague
não poderá recolhê-las nem matá-las
nos ouvidos de outros. já são deles
dos que vejo lá fora pela janela.

entre menino e crescido fui cigano

cigano me tornei de terra em terra
tantas onde criei outras raízes
fui passando por aí eternamente
viagem temporariamente além
e aqui me fico mas já por lá ia ficando
nessas coisas estranhas que o tempo tem
semeando as horas e os passos. até
que aqui cheguei me sentei e
assentei lugar tenda tempo provisório
desta memória que é raiz
de quando for grande e então
ler essas prosas de menino.

saltitão fui de ideias e de livros
de história em história
de conto em conto. e conto:
hoje aqui logo mais além saltei
de terra em terra. como de costume
aprendia e lia letras e coisas

I read as a boy...   João S Martins

from another land adopting foreign customs
uncovering my body
and opening the sky to the stars
and other letters to guide
but always talking my
most cherished words
in my own sounds
the same as the farthest
childhood in my parents' house
in the wider village in the furthest city
of the great capital and its suburbs
always with a taste of
my hometown my childhood mountain range.
with distance
I covered the seas and the air
distant sky.
and then I had to overcome other barriers
customs traditions steps
names and pronouns sounds
that was how my ear
tasted different states
estados of mind and culture
in this vast bowl of soup
multicolor broth and salads of flavors
so many a man
dares not count
the mysteries that such proliferation
involves and hides and so on
always in motion. after
many nests of many landings
I found my roots
where my crops grew
... and in all this dispersion
it was hope and beauty!

life and the street seen from the window
from a balcony in the great babylon
men women and children
costumes of all colors and countries
sweet languages and looks.

quando menino eu lia... — João S Martins

de outra terra estrangeirados
que me destapavam o corpo
e me abriam o céu às estrelas
e a outras letras de guiar
mas sempre falando as minhas
palavras mais queridas
em meus próprios sons
os mesmos da mais longínqua
infância da casa de meus pais
da vila mais larga da cidade mais distante
da grande capital e seus arrabaldes
sempre com sabor à minha
terre serra da meninice.
com a distância
venci mares e ares
céus distantes.
e aí tive que vencer outras barreiras
usos costumes passos
nomes pronomes e *souds*
que era assim que meu ouvido
saboreava diferentes estados
states de alma e de culturas
nessa enorme terrina de sopas
caldo multicor de saladas e sabores
tantos que um homem
não se atreve a contar
os mistérios que tal proliferação
envolve e esconde e assim
sempre em movimento. depois
de muitos ninhos muitos pousos
encontrei raízes as minhas
onde cresceram meus frutos
... e nesta dispersão tudo
era esperança e belo!

a vida e a rua vistas da janela
de uma varanda na grande babilónia
homens mulheres e meninos
de todas as cores trajes e países
línguas doces e olhares.

I read as a boy...   João S Martins

on their different faces carrying
the new color of the sky of their country
and in that same sky fly
the birds from their village
clothes and shoes forged
in hardship and savings
imported dreams in throngs
where some may be mine
or me or this or that
as the writer who wears the skin
and the clothes of "personas"
to which gives flesh and blood and incarnates when he
like all who write and its equals
sleep well or badly and dream
wake up and live with pain
cook wash work
feel heat or cold at the same time.
but all these described sensations
are simultaneous and different
and how often digested in silence
and acid. you speak because you speak
you silence because you also feel that speaking
that instant is excess
and sometimes you write...

in that same city where
there are rooms next to rooms
and days next to days and the nights
how many different nights
within the same day and time
(counting with you my friend time)
how each room is a room
each with its door its face
its key that opens the door and the windows
to the big city while
little different at the same time
great immense as a map
in which I run through the different
houses in the world of childhood
toy house under construction

quando menino eu lia... João S Martins

em seus rostos diferentes transportam
a cor nova do céu do seu país
e nesse mesmo céu voam
os pássaros da sua aldeia
roupas e sapatos forjados
nas dificuldades e na poupança
sonhos importados em revoadas
onde algum poderá ser o meu
ou eu ou deste ou daquele
como o escritor que veste a pele
e as roupas das "personas"
a que dá corpo e incarna quando ele
como todos os que escrevem e a ele iguais
dormem bem ou mal e sonham
acordam e vivem com dores
cozinham lavam trabalham
sentem calor ou frio ao mesmo tempo .
mas todas essas sensações descritas
são simultaneamente diferentes
e quantas vezes digeridas em silêncio
e ácidas. falas porque falas
calas porque também sentes que a fala
naquele instante é excesso
e às vezes escreves...

nessa mesma cidade onde
há quartos ao lados dos quartos
e dias ao lado dos dias e as noites
quantas noites diferentes
dentro do mesmo dia e o tempo
(contando contigo tempo amigo)
como cada quarto é um quarto
cada um com a sua porta a sua cara
a sua chave que abre a porta e as janelas
para a grande cidade ao mesmo tempo
pequena diferente mesmo tempo
grande imensa como um mapa
no qual percorri as diferentes
casas do mundo da infância
casa brinquedo em construção

I read as a boy...					João S Martins

home of the rocks under the weight of tears
echo of laughter in the morning house
in the afternoon of the next day.

> this town needs a home needs a body
> in search of other bodies
> in search of a name
> an I an other a you.

quando menino eu lia... João S Martins

casa das fragas com o peso das lágrimas
eco dos risos casa da manhã
da tarde do dia seguinte.

      essa cidade casa precisa de um corpo
      em descoberta de outros corpos
      descoberta de um nome
      um eu um outro um tu.

7. the other page

as a boy I also read
we read all of us boys
(as a big boy reader
still reads today)
books for boys sometimes
books for grownups studied
in the kitchen gardens in the looms in the factories
in the works of grownups
because there were no other books
for boys would arrive in time
for boyhood. they wanted
me to grow almost by force
and enter in the books and stories
and lives of grownups without time
to seriously play with the work
of grownups and then played
jumping rope extending
lines and letters and jumped
over the time to play
they were prematurely mature.

at this time I was cheerful
a boy each morning looking at the day
ahead with joy the same
joy felt walking to school
for the pleasure of the work from back then

7. a outra página

quando era menino também eu lia
líamos todos nós meninos
(como um leitor menino crescido
ainda hoje também lê)
livros de meninos outras vezes
livros de crescidos estudados
nas hortas nos teares nas fábricas
nas obras dos crescidos
pois não havia outros livros
de menino que chegassem a tempo
da idade de menino. queriam
que crescessem quase à força
e entrassem nos livros histórias
e vidas dos crescidos sem tempo
para brincar ao sério nos trabalhos
dos crescidos e então brincavam
saltavam à corda estendendo
linhas e letras e saltavam
por cima do tempo de brincar
eram maduros prematuros.

nesse tempo eu era alegre
menino cada manhã olhava o dia
em frente com alegria a mesma
com que caminhava para a escola
por esse prazer de trabalho de então

I read as a boy...   João S Martins

in contrast to the cold mornings
in which already waken for many hours
from restlessness or insomnia I see now
ahead clouds hours and shadows
painted with sadness in and contrast
with the hours of cheerful boy
I still want to feel the mornings
that the boyhood books fill
with color.

I will have my place again
in the orchestra of boy musicians.
there is text words memories
which are solo piano
concert or any other
instrument or orchestra.
from where the notes come
from the lines of sheet music
concertante departure
sound sets cadence
read ahead by fingers
hands feet body
following improvising without
impromptu script.
strange musical beast
classical training score. but
is in the little books and librettos in the
books of opera drama or solo
I learn to love this
readings from when I as a boy...

boy boy used to read...
and visited the heart that immense
stairwell library where
all the books would fit ageless
or as old as boys or grownups
every book of love
and other writings of the soul
spreading loose pages

quando menino eu lia... João S Martins

em contraste com as manhãs frias
em que já acordado de muitas horas
de despertina ou insónia vejo agora
pela frente nuvens horas e sombras
pintadas de tristeza e contraste
com as horas de menino alegre
que ainda quero sentir as manhãs
que os livros de menino enchem
de cor.

terei novamente o meu lugar
na orquestra dos músicos meninos.
há textos palavras memórias
que são concerto a solo
de piano ou outro qualquer
instrumento ou orquestra.
de onde vêm as notas
das linhas partituras
partidas concertantes
sons conjuntos compassos
leitura adiantada que os dedos
as mãos os pés o corpo
seguem no improviso sem
guião *impromptu*.
estranho bicho musical
clássica pauta de formação. mas
é noslivrinhos e libretos nos livros
da ópera drama ou solo
que aprendo a amar essa
leitura de quando era menino...

menino menino lia...
e visitava o coração esse enorme
vão de escada biblioteca onde
cabiam todos os livros sem idade
ou com idade de meninos ou graúdos
todos os livros de amor
e outras escritas da alma
espalhando folhas soltas

I read as a boy...
João S Martins

prayer cards for a boy to look at
the same one who read as a boy
words. boy's word

across the
big city river I wonder
if it ever will be the day that the book
will talk and ask have you finished?
will I be ready?
there is a path from the day-boy
when as a boy I read books
boy's books with words
of a boy who spoke
good fortune and words of a boy
look back or forward
may be option or temptation
to enjoy the journey and the words
>...
> and then?
> back to boyhood
> book
> of a big boy and the big
> book
> and unleash it as one unleashes
> a son
> into the world after such a long turn
> in the arms or the pages

thus shall you make me apprentice poet
says the book ripping the pieces
of the ancient words always new
and then
who knows
everything can be new again
words books and boys
in the city whose name is just
"city of boys who are only boys"
of men who are always boys...

canon

quando menino eu lia...					João S Martins

pagelas de olhares de menino
o mesmo que em menino lia
palavras. palavra de menino

do outro lado da margem
do rio da grande cidade me pergunto
se algum dia será dia em que o livro
irá falar e perguntar; terminaste?
estarei pronto?
há um percurso desde o dia menino
em que menino eu lia livros
de menino com palavras
de menino que falava
felicidades e falas de menino
olhar para trás ou mais além
pode ser opção ou tentação
de saborear a viagem e as palavras
  ...
  e depois?
  voltar a tempo de menino
  livro
  de menino grande e do livro
  grande
  e soltá-lo como quem solta
  um filho
  ao mundo depois de tanto rodar
  nos braços ou nas folhas

assim farás de mim poeta aprendiz
diz o livro ao rasgar os pedaços
das palavras antigas sempre novas
e daí
quem sabe
tudo poderá ser novamente novo
palavras livros e meninos
na cidade cujo nome é apenas
"cidade de meninos apenas meninos"
de homens sempre meninos...

  canon

I read as a boy... João S Martins

or multiplicity?

a book
a trace
the spine
a
page
folded
by force
in the corner
mark
a
conversation
the author
there is always
a sentence
which stays
in thought
who
said it
in a
choked voice
at night
long day
another
chapter
new
new
trace
speaks
again
closes
the marked
page
and says
a point
in a point
is more
a point
together

quando menino eu lia... João S Martins

ou a multiplicidade?

um livro
um risco
a lombada
uma
página
dobrada
à força
num canto
a marca
uma
conversa
o autor
há sempre
a frase
que fica
pensada
quem
a dissera
na voz
embargada
na noite
dia longo
mais um
capítulo
novo
novo
risco
fala
de novo
fecha
a página
marcada
e diz
um ponto
num ponto
é mais
um ponto
juntos

I read as a boy...   João S Martins

make
line
alive
to the
infinite
.
full
stop
.
sounded
a point
at night
it was
time
of the restart
eternal
return...

a book, a trace, the spine a page folded by force in the corner a mark a conversation the author. there is always a sentence which stays in the thought of who said it in a choked voice at night
long day, another new chapter, the new trace speaks again closes the marked page and says:
a point in a point is more a point, together make a line alive reaching the infinite
.
full stop
.
sounded a point at night it was time of the restart eternal return...

quando menino eu lia…   João S Martins

fazem
linha
viva
até ao
infinito
.
ponto
final
.
soou
um ponto
na noite
era
a hora
do recomeço
eterno
retorno…

um livro, um risco, na lombada uma página dobrada à força, num canto, a marca, uma conversa com o autor. há sempre uma frase que fica pensada em quem a dissera, na voz embargada na noite.

dia longo, mais um capítulo novo, o novo risco fala, de novo se fecha a página marcada e diz:
um ponto num ponto é mais um ponto, juntos fazem linha viva até ao infinito
.
ponto final
.
soou um ponto na noite era a hora do recomeço, eterno retorno…

I read as a boy... João S Martins

> *"Yo soy el que fabrica sueños*
> *y en mi casa de pluma y piedra*
> *con un cochilo y un reloj*
> *corto las nubes y las olas,*
> *com todos estes elementos*
> *ordeno mi caligrafia*
> *y hago crecer seres sin runbo*
> *que aún no podiam nacer."*

Pablo Neruda

ABOUT THE AUTHOR

João S Martins, 59 years old, was born and raised in Manteigas, Portugal. He earned his degree at the Catholic University of Lisbon. During his time in Portugal he dedicated himself to teaching and education, at various levels of public institutions.

He first arrived in the U.S. in 1986. Even though he had plans of only staying a month, he decided to relocate to the U.S. permanently with his family. He has resided in Livingston, NJ for the past 24 years.

He has published 7 books: "Exercício de Pintura" - poetry; "A Estrelinha da serra..." - short stories; "Cânticos Paralelos" - poetry; "Intervalo das Palavras" - poetry; "Quando toda a esperança é azul" - biography; "o seu nome era Maria" - illustrated poem; and "mãos verdadeiras" - poetry. He's also published in numerous online and local publications and member of the Portuguese Writers Society.

As founder of ProVerbo - a cultural arm of the Portuguese Sport Club of Newark - he's organized cultural galas as well as literary events, among other cultural club activities.

SOBRE O AUTOR

João S Martins tem 59 anos, nasceu e cresceu em Manteigas, Portugal. Formou-se na Universidade Católica em Lisboa. Enquanto em Portugal, dedicou-se ao ensino e educação, a vários níveis, em instituições públicas.

Chegou aos Estados Unidos em 1986. Apesar de inicialmente ter planeado ficar no país um mês, decidiu mudar-se com a família para os Estados Unidos permanentemente. Reside em Livingston, NJ há 24 anos.

Publicou 7 livros: "Exercício de Pintura" ; "A Estrelinha da serra..." - contos; "Cânticos Paralelos" - poesia; "Intervalo das Palavras" - poesia; "Quando toda a esperança é azul" - biografia; "o seu nome era Maria" – poemas ilustrados; e "mãos verdadeiras" - poesia. Também tem publicado em inúmeras publicações online e locais e é membro da Sociedade Portuguesa de Autores.

Como fundador da ProVerbo – a secção culturas do Portuguese Sport Club of Newark – organizou galas e eventos literários, entre outras atividades culturais do clube.

www.ingramcontent.com/pod-product-compliance
Lightning Source LLC
Chambersburg PA
CBHW020936090426
42736CB00010B/1159